# 言語理論としての語用論
入門から総論まで

開拓社
言語・文化選書
50

# 言語理論としての語用論

入門から総論まで

今井邦彦 著

開拓社

妻・今井規子に

# はしがき

　いささか変わった出だしだが,「語用論とは何か」ではなく,「語用論とは何で$\overset{\cdot\cdot}{な}$いか」という話から始めよう。語用論という用語や, pragmatics という元の語が持つ響きからして無理からぬ誤解なのだが,「語用論とは, ことばの適切な用い方を教える術である」と解する人がいるかもしれない。「ことばの適切な用い方を教える術」というのは, 外国語教育などでは重要な働きをする。たとえば,

(i) evidence という語はそのままでは複数には使えない: "三つの証拠" と言いたいときは, three pieces of evidence という言い方をする。

とか,

(ii) 入院している友人知人に電話で「見舞いに行ってもいいかい？ 何かいい物を持って行くよ」のつもりで May I go and visit you? I'll take a little something for you. と言ったのでは, 文法には合っていても, 親近感が伝わらない。下線部をそれぞれ come, bring にしなければいけない。

などといったことは,「ちゃんとした英語を使う」ためには必須の心得であるし, 母国語についても, 説得力のある話し方, こちら

に対する好意を招く語法の選択，敬語や丁寧語を正しく使うことは，社会に暮らす者にとって有用な心得である。

だがこれはあくまでも心得であって理論ではない。語用論とは，

(iii) 言語学の中の，"ことばが実際に使われたときの意味"を研究する部門

つまり，言語理論の一部なのである。

そこで語用論では，「大好きよ」が「あたしはあなたを深く愛している」とも，「私は焼き芋が大好物なの」とも解されるのはなぜか，「このところ仕事に追われています」が「あなたのご要請にすぐにはお応えできません」という意味になるのはどういうメカニズムに基づくのか，といったことが探究され，議論される。また，

(iv) René:　Is Jane a good cook?
　　 François:　She's English.

という問答中で，フランソワの答えが，なぜ「ジェインは料理が下手だ」の意味になり，同時にイギリス料理への皮肉となっているかを説明するのも語用論の役目である。

言語に関する理論的考えにもさまざまなものがある。だから語用論についてもさまざまな理論がある。この本で扱うのはこのうちの有力なもの，すなわち関連性理論・言語行為理論・グライス理論・新グライス派理論・認知言語学である。

したがって，この本が行っているのは，第一に，これら五つの重要な語用論理論の綿密な紹介である。その意味で本書は「語用

論入門書」であると言える。語用論とは何であるかを知りたい方々に是非読んでいただきたい。また，言語研究の専門家の中にも，語用論から遠い所に専門を持つ人の中には，「語用論＝グライス理論」と思い込んでいる人がいないでもない。グライスが語用論の偉大な先駆者であったことは事実だが，彼以後の語用論の華麗な発展にも，こうした人々に接してほしい。

本書の第二の特色は，語用論各派の批判的検討が行われていることである。各派についての完全に客観的な検討というのは難しい。ことに認知言語学についてはかなりの苦言を呈している。認知言語学を奉ずる日本の学者の中には，個人的には親しい人々が多い。この理論に対してharshとも言うべき言辞を連ねるのは，そうした諸氏に対して心苦しいのだが，学問上のことだからご理解いただきたい。

関連性理論に関する筆者の知識は，むろんこの理論の創始者や，第2世代のRobyn Carstonらとの接触に発するものだが，国内においては西山佑司氏の教示や同氏とのメールを通じた意見交換によるところがきわめて多い。ここに記して感謝の意を表したい。同氏が推奨したMichael Tomaselloについて，本書では紙数の都合から触れることのなかったのは残念である。なお，言うまでもなく本書が，筆者の努力にもかかわらず持っているであろう不備に対して，西山氏は何の責任も持たない。

執筆に必要な資料の収集について大層お世話になった岡田聡宏・井門亮・松崎由貴・古牧久典の諸氏にも大いに感謝している。

開拓社の川田賢氏は，この本の趣旨に大いに賛同してくださり，執筆・刊行について全面的にお世話になった。こうした「は

しがき」の類では出版社の方へのお礼が最後になるのが通例だが，むろんこれが最小の謝辞でないことは言を俟たない。

　2015 年　元旦

今井　邦彦

# 目　　次

はしがき　*v*

序　論　語用論とはなんだろう ………………………………… *1*
  1.　意味論と語用論　*2*
  2.　意味研究小史　*6*
  コラム①　*9*

第1章　関連性理論 ………………………………………………… *11*
  1.1.　真理条件的意味論からの決別　*12*
    コラム②　*19*
  1.2.　意味確定度不十分性のテーゼ　*20*
    コラム③　*23*
  1.3.　語用論過程　*24*
    1.3.1.　発展　*24*
    コラム④　*34*
    1.3.2.　明意と暗意　*34*
    1.3.3.　高次明意　*41*
    1.3.4.　転嫁　*46*
  1.4.　関連性　*50*
    1.4.1.　関連性とは何か？　*50*
    1.4.2.　関連性はなぜ「決め手」になるのか　*54*
    1.4.3.　関連性原理　*57*
    1.4.4.　解釈の手順　*63*
    1.4.5.　亜人格性　*65*

1.4.6.　心の理論　*66*
　1.5.　モジュール　*67*
　　1.5.1.　フォウダーのモジュール論　*67*
　　1.5.2.　100％モジュール説　*71*
　1.6.　語用論過程モジュール性　*73*

第2章　言語行為理論・グライス理論・新グライス派 ……… *77*
　2.1.　最初の本格的語用論・言語行為理論　*78*
　　コラム⑤　*84*
　2.2.　グライス理論　*84*
　　コラム⑥　*85*
　　2.2.1.　協調の原理　*85*
　2.3.　グライス理論をどう評価するか　*94*
　2.4.　新グライス派　*102*
　　2.4.1.　ホーン　*102*
　　コラム⑦　*103*
　　　2.4.1.1.　尺度含意（scalar implicature）　*104*
　　　2.4.1.2.　ホーン理論のその他の問題点　*108*
　　コラム⑧　*116*
　　2.4.2.　レヴィンスン　*116*

第3章　認知言語学 ………………………………………… *131*
　3.1.　言語の"独自性"の否定　*132*
　　コラム⑨　*141*
　　3.1.1.　「言語自律論」をどうして否定できるのか？　*142*
　3.2.　言語研究は認知全般との関連において行わなければならぬ　*146*
　3.3.　認知言語学の「成果」　*153*
　　3.3.1.　メタファー　*154*
　　コラム⑩　*158*

3.3.2. プロトタイプ　*159*
   3.3.3. 把握（construal）　*161*
   3.3.4. 認知言語学の「窓」はどこにあるのか？　*163*
   3.3.5. 2 種類の推論　*165*
 3.4. 関連性理論によるモジュール説　*173*
   3.4.1. モジュールはパンクしないか？　*173*
   3.4.2. モジュールはなぜ文脈依存 (context-sensitive) になりうるか？　*175*
   3.4.3. モジュールの生得性　*177*
 3.5. 認知言語学には「窓」がない　*180*


参考文献 ……………………………………………………………… *181*

索　引 ………………………………………………………………… *189*

序　論

## 語用論とはなんだろう

## 1. 意味論と語用論

言語学者に「意味論 (semantics) とは何か？」と訊くと，

(1) 言語学の中の，"ことばの意味"を研究する部門

という答えが出てくるだろう。一方「語用論 (pragmatics) とは何か？」と訊いた場合には，

(2) 言語学の中の，"ことばが実際に使われたときの意味"を研究する部門

のような答えが出てくるかもしれない。(1), (2) それぞれは間違っていないのだが，両者を並べて示された人は大いに戸惑うに違いない。「何だって？ じゃあ言語学の中には"意味を研究する部門"が二つもあるのか？ おまけに"意味論"というのは，実際に使われないことばを対象にするのかね？ そんなことをして何になる？」と。

確かに，多くの人が「意味」ということを意識するのは，ことばが実際に使われた場合であることが多いので，この「戸惑い」は，ある点で十分に理解できる。「戸惑い」を解消するために，まず次の文を考えてほしい。

(3) マサ子の絵は良い。

この文が「実際に使われる」，つまり「この文の使い手が何かを伝達するために用いる」場合の意味を数えだすと，実にさまざまである。まず「マサ子の絵」の部分について言うと，次のような解

釈が成り立つ。

   (4) a. マサ子が描いた絵
      b. マサ子を描いた絵
      c. マサ子が買った絵
      d. マサ子が寄贈した絵
      e. マサ子が売りに出している絵
        ・・・・・・・・

こうした解釈はまだまだいくつでも考えられる。
「良い」の部分も

   (5) a. 芸術的価値が高い
      b. 専門的なことは分からないが，見ていると心が落ち着く
      c. 稚拙だが子供らしさに溢れていて可愛らしい
      d. 模写が巧みだ
      e. 転売すると儲かりそうだ
        ・・・・・・・・

のように，これまたいくつもの解釈を持つ。

また「マサ子」という名の女性は何百何千といるに違いないが，この名が実際に使われるときはその中の特定の1人を指しているわけである。

(4)，(5)のいずれかと，さらに「マサ子」がどの特定の人を指すかを明らかにした表現を組み合わせると，たとえば，(6)，(7)のような意味が得られる。

(6) 話し手の姪であるマサ子が買った絵は芸術的価値がある。

(7) 話し手・聞き手がともに勤める幼稚園の園児マサ子が描いた絵は，拙いが，子供らしくて可愛らしい。

これらは (2)，つまり語用論が研究対象とするタイプの意味だ。(2) の"ことばが実際に使われたときの意味"というのは少しおおざっぱな言い方なので，このタイプの意味を次のように言い表そう。

(2′) 話し手が，あることを聞き手に伝えるために実際に使ったことばの意味，あるいはそのような状況を想像して例示することばの意味。

(2′) は「語用論的意味」と呼ぶことができよう。(2′) に「そのような状況を想像して例示する」という語句を入れたのは，まさしく (6)，(7) などを説明対象に加えるためである。(6)，(7) は実際に発せられた文を記録したものではなく，筆者が状況を想像して創りあげた例文だからだ。

では，意味論が扱う「意味」とはどういうものだろう。(1) の" "内も幾分説明不十分なので，(1′) のように書き直そう。

(1′) ことばの，それが実際に（あるいは想像の上で）使われる場面から切り離して解釈される意味。

言い換えれば，「聞き手に何かを伝えるという前提を取り払った」意味である。(1′) は「意味論的意味」と呼ぶことができる。(3)

の意味論的意味は何か？　それは (8) である。

(8) マサ子と呼ばれる人がおり，その人はその人自身との何らかの関係において，その絵が"良い"という形容詞が表しうる何らかの性質を持っている。

「なんと奇妙で，抽象的で，不明瞭は"意味"なのか！」と思う読者もあるかもしれない。中には「そんな曖昧模糊(あいまいもこ)とした"意味"をあつかう"意味論"などという学問分野など価値が無い」とまで考える人さえあるのではないか？　しかしその誤解はどうぞ解いていただきたい。

(8) は抽象的で不明瞭だからこそ，(6), (7) など，いろいろな具体的で明瞭な意味解釈の「基(もと)」となり得るのである。「その人自身（＝マサ子）との何らかの関係において」は (4a-e) を含む数限りない「関係」の「基」になり得るのだし，「"良い"という形容詞が表しうる何らかの性質」は (5a-e) を含む無数の「性質」の「基」となり得るのである。「マサ子」が非常に多くの人の中から特定の1人を指すのに使われ得ることも，上で述べたとおりだ。

逆に考えてみよう。もし語用論的意味が少しでも異なるたびに，それぞれ違うことば（単語や文型，つまり言語形式）を用いなければならなかったとすれば，操作が煩雑になりすぎて，人間は誰も「他の人に何かを伝える」作業ができなくなってしまう。意味論的意味，つまりことばだけの意味が抽象的で不明瞭なのは，ことばの「長所」なのである。

## 2. 意味研究小史

人間は昔からことばを使っているのだから、ことばの意味に関する興味は古くから持っていた[1]のだが、意味研究が独立の学問領域として取り上げられるようになるのは比較的遅かった。ことに意外なのは、言語学内部での意味研究開始の遅れである。

昭和15年[2]発行の『研究社英語學辭典』のSemanticsの項を引くと、

(9) Semanticsは言語の外形を研究するphonetics（音聲學）と並んで言語研究の基礎をなすべきものであるが、この方面に於ける言語學者の業績は芳しくなく今後の開拓に俟つところが甚だ多い。(p. 916)

との記述、と言うよりは意見が書かれている。この辞典には各項目ごとの担当者は明記されていないが、この項目の執筆者は、前年に『意味論』（研究社）を上梓されている恩師・中島文雄教授(1904-1999)であったことは疑いない。

意味研究は、実は、言語学者に先んじて哲学者によって始めら

---

[1] 松浪・池上・今井 (1983: 694ff.)、今井(監訳) (2014: 20ff.) 参照。
[2] 西暦1940年。神武天皇御即位から2600年ということで「紀元二千六百年」が盛大に祝われた年である。筆者も幼稚園児であり、むろん、こんな難しい本が出版されたことなど知らなかった。読者にとっては途方もない昔に思われるかもしれないが、言語学的意味研究の誕生はもっと以前であって然るべきだったろう。(9)は、意味論を専門とする数少ない言語学者であった中島先生の無念さの表れだったと言える。『意味論』を読んで言語学専攻を志した筆者にとって、先生の没後とは言え、意味関係の書を数冊出せるようになったのはきわめて喜ばしい。

れた。20世紀初頭「科学的言明に用いられる言語を分析・批判・改良することが，哲学の最重要な課題である」とする学派が起こり，「分析哲学 (analytic philosophy)」と呼ばれ，特に英語国やドイツなどでは哲学の主流となった。いわば言語が哲学の中心的課題となったのである。ただし，分析哲学の推進者だった人々——フレーゲ (Gottlob Frege, 1848-1925)，ラッセル (Bertrand Russell, 1872-1970) など——の考え方によると，自然言語（日本語，英語など）は「原始的で，あいまいで，不正確で，混乱したものであり，したがって科学上の基礎的な概念・主張の"意味"を明白にするためには記号論理学という人工言語[3]が不可欠である」というものであった。こうした考えの哲学者たちは分析哲学の中でも「理想言語学派 (Ideal Language School)」と呼ばれた。

---

[3] 次の例を考えてみよう。
  (i)  Everybody likes somebody.
  (ii)  誰でも誰かが好きだ。
は英語・日本語どちらの自然言語でもあいまいである。つまり，どちらも
  (iii)  A.  誰にでも好きな相手はいる。
        B.  誰からも好かれる人がいる。
の二つの異なった意味に解釈できる。ところが，形式論理ならば，
  (iv)  A.  $(\forall x)(\exists y)\{L(x, y)\}$
        B.  $(\exists y)(\forall x)\{L(x, y)\}$
つまり
  (iv')  A.  ［どのxにとっても，xが好んでいる相手yが存在する］（= (iiiA)）
        B.  ［どのxによっても好かれるyが存在する］（= (iiiB)）
のように二つの意味を異なる論理式で表すことができる。フレーゲに代表される形式論理優位論が考えていたことの一例がここにある。
　ここでは，(iv) のA, Bが異なる意味を表す，ということまで理解できればいいのだが，論理形式についてもう少し具体的に知りたい読者のためには，今井・西山 (2012: 11-20) および今井（監訳）（近刊）に解説がある。

やがて分析哲学者の中にも,「日常言語学派 (Ordinary Language School)」と呼ばれる人々が現れた。彼らは自然言語否定論は誤解に基づくものであり, フレーゲやラッセルの論理学的アプローチに依拠する限り, 自然言語の重要な特徴は明確にされるどころか逆に隠蔽されてしまうと考えた。

日常言語学派から生まれたのが, 最初の本格的語用論[4]であるオースティン (John Austin, 1911-1960) の「言語行為理論 (Speech Act Theory)」だった。少し遅れてオースティンと同じくオックスフォード大学の哲学者であったグライス (H. Paul Grice, 1913-1988) が, 言語行為理論とは, 後述のとおり, いささか異なる語用論理論を発表した(グライス自身は「語用論」ということばは使わなかったが)。一般に「グライス理論」として知られる。

グライス理論の後には, ホーン (Lawrence Horn, 1945-), レヴィンスン (Stephen Levinson, 1947-) らを中心とする, グライスの理念をかなり忠実に守る学派が残り,「新グライス派」と呼ばれている。

一方, 1960年前後からチョムスキー (Noam Chomsky, 1928-)

---

[4] 「語用論 (pragmatics)」という術語がいわば公式に学問の世界に登場したのは, モリス (Charles W. Morris, 1901-1979) という哲学者の著作の中であった。モリスは実際に語用論の本格的研究業績を残したわけではないが, 記号一般の性質・機能を研究する学として「記号論 (semiotics)」という分野を立て, 記号論を「統語論 (syntactics:今は syntax という用語が定着している)」「意味論」「語用論」の三つに分けた。そして統語論は記号と記号の結合関係を考究し, 意味論は記号と記号が指示するものとの関係を考究し, 語用論は記号とその使用者との関係を考究する学問であると規定した。

の生成文法 (generative grammar) に根本から異を唱える「認知言語学 (cognitive grammar)」が台頭する。レイコフ (George Lakoff, 1941-), ラニカー (Ronald Langacker, 1942-), フォコニエ (Gilles Fauconnier, 1944-) らが代表者と言える。きわめて影響力の強い理論であり、意味に関するこの派の主張（筆者はこの主張を間違っていると考えるが）を無視することはできない。

1970年代に入るとスペルベル (Dan Sperber, 1942-) とウィルスン (Deirdre Wilson, 1941-) により創始された「関連性理論 (Relevance Theory)」が登場する。この派は、ある点でグライス理論に源を持つものの、グライス理論にも、そして他の既存の理論にも見られぬ特徴（後述）を持ち、現在最も優れているとみなされる語用論理論である。

次の第1章では、関連性理論をやや詳しく見、言語行為理論・グライス理論・新グライス派の理論については第2章で、認知言語学については第3章で扱うこととする。

### コラム❶

関連性理論の創始者、スペルベルとウィルスンは、1960年代の半ば、オックスフォード大学 Nuffield College の大学院生であった。学部時代の専攻はウィルスンは哲学、スペルベルは人類学であったが、2人は知的興味のあり方の上で互いに共鳴するものを感じ合った。これはやがて2人の間の熱烈な大恋愛に発展したが、しばらくして同等に熱烈（？）な大喧嘩に終わってし

まった。しかし「学問の上での"交際"は続けよう」という合意は残り，スペルベルが故国フランスにもどり，ウィルスンが故国イギリスを後に MIT へ留学してからも 2 人の学問的交流は続いた。こうして生まれたのが関連性理論だったのだ（詳しくは今井（2001）参照）。

スペルベルの夫人はボローニャ大学伝達学科のオリッジ（Gloria Origgi）であった。共同執筆論文も Origgi and Sperber（2000）など，何点かある。オリッジはフランス男性の服装の趣味はなっていないという意見の主で，結婚と同時にスペルベルのそれまでの服を全部棄てさせイタリア風のものに替えさせた。「それ以後，たまに自分の趣味で服やネクタイを買ってくるとグロリアにどこかへ捨てられちゃうんだよ」とスペルベルはある時ぼやきとものろけともつかぬことを呟いていた。

ところが最近のニュースによると，2 人は別れてしまったそうな。オリッジが数々の男と不倫をしたことが原因だそうだが，これはスペルベル側からの情報だから真相は分からない。スペルベルが再びフランス風の服装に戻ったのかどうかも不明である。

第 1 章

## 関連性理論

## 1.1. 真理条件的意味論からの決別

　分析哲学の「理想言語学派」の人々の考え方は,「文の意味とは, その文の真理条件 (truth-condition) である」というものだった。この立場を正しいとする意味研究を「真理条件的意味論 (truth-conditional semantics)」と呼ぶ。真理条件的意味論は, ある時期までの意味研究の中で中心的な位置を占めていた。ある文の真理条件 (truth value) とは, その文を真と呼べるために世界が満たさなければならない条件をいう。たとえば,（1）の真理条件は（1'）である。

　（1）　鈴木一雄は毎朝 10 キロ走る。
　（1'）　鈴木一雄という特定の個人が（現実の世界に）存在していて, その人が毎朝 10 キロ走るという事実がある。

そうすると, 次の（2）のような文はどういうことになるのだろう？

　（2）　かぐや姫は美人だ。

（2）の真理条件は（2'）ということになる。

　（2'）　かぐや姫という特定の人物が存在し, その人が美人という性質を有する。

これについて, ある人々は, かぐや姫などという人物は現実世界に存在しないのだから, この文の真理条件を問うことは意味のないことだと考えた。また, ある人々は真理条件を問うことは無意

味ではないが，(2) に代表されるような文，つまり一般的に言えば存在しない人・ものを主題とする文の真理値は常に偽であると考えた。だが，『竹取物語』を読む子供にとっては，(2) は偽でもないし，いわんや無意味ではない。そこで「可能世界 (possible worlds)」というものを想定する動きが，ことに真理条件的意味論を支持する人々の間で広まった。たとえば，(2′) が成り立つような可能世界を想定すれば，(2) は真となるわけだ。

さて，単純に

(3) 文の意味＝その文の真理条件

としてしまうと，困ることが起こる。次の 2 文を見てみよう。

(4) フランソワは 1945 年，フランスの首都で生まれた。
(5) フランソワは 1945 年，フランスの最大都市で生まれた。

現実世界では 1945 年には，現在と同様，フランスの首都はパリ，フランス最大の都市もパリだったから，どちらの文をも真とする条件は，

(6) フランソワという名の人物が存在し，その人物は 1945 年，パリで生まれた。

になり，(4) と (5) は意味が等しいことになってしまう。だがこれは直観的に言っておかしい。「フランスの首都」と「フランスの最大都市」が同一であるのは偶然のもたらした同一性であって，何らの理由で遷都が行われ，1945 年にはフランスの首都はリヨンになっていたかもしれないし，ナチス・ドイツ軍の反攻とかソ

ヴィエト連邦の侵略などということが起こって，パリの人口が激減し，フランス最大の都市は 1945 年にはマルセーユであったという可能性もある。このように「可能世界」（たとえば，パリがフランスの首都でなかったり，フランス最大の都市ではなかったりする世界）では (4) と (5) の真理条件が異なる場合がある。

これに対して，

(7)　吉田は歯科医である。
(8)　吉田は歯医者である。

という 2 文は（両文の「吉田」が同一人物を指す限り）必然的に意味が等しい。つまり，一方が正しくて他方が偽であるということはない。このことを

(9)　(7) の真理条件と (8) の真理条件は<u>あらゆる可能世界で同一</u>である。

と表現する。もっと一般的に言えば，

(10)　二つの文，S1 と S2 が同じ意味であるのは，あらゆる可能世界で S1 と S2 の真理条件が同一である時，そしてその時に限る。

となる。

このように「可能世界 (possible worlds)」という概念を持ち込むと，真理条件的意味論は成立しそうに見えるが，実はそうではないのだ。次の 2 文を見てほしい。

(11)　この図形は二等辺三角形だ。
(12)　この図形は二等角三角形だ。

この 2 文の真理条件はあらゆる可能世界で同一である。

(13)　二等辺三角形＝二等角三角形

はあらゆる可能世界で成立する数学的事実だからだ。しかし，(11) と (12) の意味は明らかに異なる。可能世界という概念を導入しても，真理条件的意味論は成立しえないのである。

もう一つ例を挙げよう。

(14)　偶数の素数＝2

素数 (prime number) とは「1 かそれ自身に依る以外には割り切れない整数」をいう。13 は 1 か 13 以外では割り切れないから素数である。奇数には素数であるものもあるが，すべてではなく，たとえば 51 は 3 で割り切れるから素数ではない。2 以外の偶数は，4 にせよ 378 にせよ，みな 2, つまりそれ自身以外の数で割り切れるから素数ではない。2 は唯一の「偶数でかつ素数である数」だ。(14) はいかなる可能世界でも偽になることがない数学的事実である。だから，(15), (16) はどちらも同じ真理値を持つ。

(15)　木村家の子供の数は 2 だ。
(16)　木村家の子供の数は偶数の素数だ。

それにもかかわらず，(15), (16) の意味は明らかに異なる。その

ことは (15), (16) を「7歳の真理子は〜であることを知っている」の〜部分に埋め込んだ (15′), (16′) の意味が異なることから分かる。

(15′) 7歳の真理子は，木村家の子供の数は2であることを知っている。
(16′) 7歳の真理子は，木村家の子供の数は偶数の素数であることを知っている。

7歳の子は，健常であれば2という数は知っているから (15′) は真だが，偶数とか素数という概念は知らないだろうから (16′) は偽であろう。ここにも「可能世界」という概念が真理条件的意味論を救済しえない証拠がある。

さらに，真理条件的意味論には別の問題点もある。文の中には，これまで例に挙げたような平叙文以外にも，下の (17), (18) のような疑問文，(19) のような命令文，(20) のような感嘆文がある。

(17) キャヴィアはお好きですか？
(18) 君はどこへ行くつもりだ？
(19) お世辞はやめてくれよ。
(20) 何と美しい景色だろう！

言うまでもなく非平叙文というものは，真理条件を持っていない。"キャヴィアはお好きですか？"という質問は真か偽か」という設問はナンセンスだ。となると非平叙文は意味研究の対象から外されることになるのだろうか？

20 世紀も半ばを過ぎてからロス (John Ross, 1938–) という言語学者が「遂行分析 (performative analysis)」という説を提唱した。これに従うと，(17)–(20) は，(17′)–(20′) という平叙文を基礎として持ち，「話し手は〜している」，つまり質問・命令等の行為を「遂行」していることになり，したがってその真偽を問うことが可能になる。

(17′) 話し手は相手がキャヴィアを好きかどうか訊いている。
(18′) 話し手は相手がどこへ行くつもりかを訊いている。
(19′) 話し手は相手がお世辞を言わないように命じている。
(20′) 話し手はある景色の美しさへの感動を伝えている。

だがこれで解決がつくだろうか？ (17′)–(20′) に「訊いている」「命じている」等の動詞が意味に加わっているということは，(17)–(20) が単なる言語形式[1]ではなくて，伝達のために用いられた発話[2]だということを示している。発話であるとすれば，話し手の意図を抜かして考えることはできない。(17) の話し手は，相手の食べ物の好き嫌いを訊いているだけでなく，「お好きなら注文しますが」という提案も兼ねているのかもしれないし，(18) の話し手は質問をしているのではなく，切迫した尿意に慌てて女性用トイレに駆けこみそうになった連れの男の迂闊さを咎めてい

---

[1] 「テーブル」のような語 (word) や，語を適切に組み合わせた「その本はテーブルの上にある」のような「文 (sentence)」，さらには「テーブルの上」など，語と文の中間のような「句 (phrase)」を「言語形式 (linguistic form)」という。
[2] 注1に述べる「言語形式」を，他人に何かを伝達する目的で，音声によって発したり，文字で書いたりした場合，それを「発話 (utterance)」と呼ぶ。

るのかもしれない。同じように，(19) の話し手は会社の部長かなにかで，言葉とは裏腹に，下役である相手にもっとお世辞（たとえば「部長は，将来の社長ですよ」など）を言ってもらいたいのかもしれないし，(20) は富士山への登り道を汚しているゴミの山にうんざりした話し手が皮肉を言っているのかもしれない。

　英語からも少し例をあげよう。

(21)　I'm not happy: I'm ecstatic.

などはどうだろう？ happy は「満足して，幸せで ...」等の意味を持つのだから，ecstatic の意味の一部であると言える。とすれば，(21) の意味は一見矛盾しているかに思える。しかし，(21) の happy はその意味を伝えるために「使用」されているのではなく，「言及」されているだけなのだ。つまり，(21) を意訳すれば「happy なんて形容詞は私の気持ちを表すには不十分よ。私は ecstatic（有頂天）なんだから」となるのだ。

　もっと甚だしい例として (22) がある。

(22)　He was upset, but he wasn't upset.

これは殺人罪に問われた米フットボールの元花形選手 O. J. シンプソン裁判の証人の証言中にある発話で，二つの he はどちらもシンプソンを指している。これも一見矛盾した文だが，証人は，最初の upset を「怒っていた」というほどの意味で，2 番目の upset を「殺意を抱くほど乱心していた」の意味で使ったのである。つまり，証言の趣旨は「被告は怒ってはいたが，殺意を抱くほど乱心してはいなかった」であって，法廷でもこの趣旨で受け

取られたという。

　このように見てくると，真理条件的意味論を成立させることは不可能であると言える。そこで，関連性理論は真理条件的意味論から決別した立場をとっている。ただし，これは関連性理論だけが持つ特徴ではない。現在の語用論・意味論の中で真理条件的意味論を奉じているのは，本書ではほとんど取り上げない「モンタギュー文法」[3] だけであると言ってよい。

---

**コラム❷**

　2 が "偶数でかつ素数である唯一の数" であることを種にした次のジョークが英語にある。

　Two is the oddest prime number, since it is the only even one.

直訳（?）すると「2 は最も奇妙な（最も奇数的な）素数である。なぜなら唯一の偶数 1 だからだ」。つまり，odd が「奇妙な，奇数の」という二つの意味を持ち，one が「1」の意味のほかに代名詞的用法も持っている（I have three black pencils and two red ones. 私は黒い鉛筆 3 本と赤いのを 2 本持っている）ことを利用したもの。読み方によっては 2 が奇数で 1 が偶数だと言っているようなナンセンスな解釈になる。

---

[3] Montague (1973), Dowty (1979), 白井 (1985) 等を参照のこと。

## 1.2. 意味確定度不十分性のテーゼ

序論の (3) を下に (23) として再録しよう。

(23) マサ子の絵は良い。

この文の「意味論的意味」は序論の (8) だった。これを (24) として再録する。

(24) マサ子と呼ばれる人がおり，その人はその人自身との何らかの関係において，その絵が"良い"という形容詞が表しうる何らかの性質を持っている。

そして (24) は序論の (6), (7) （下に (25), (26) として再録）をはじめとするいろいろな「語用論的意味」を持ちうるのだった。

(25) 話し手の姪であるマサ子が買った絵は芸術的価値がある。

(26) 話し手・聞き手がともに勤める幼稚園の園児マサ子が描いた絵は，拙いが，子供らしくて可愛らしい。

読者の中には，このような見方に初めて気づいたように思う向きもあるかもしれないが，一般に「言っていることと意味している（＝相手に伝えている）こととの間には，多かれ少なかれ差がある」ということは，子供の時から気が付いていたのではないか？たとえば，「〇〇山は象だ」というのは，〇〇山なる相撲取りが文字どおりに鼻が長くて牙のある地上最大の哺乳類だと言っているのではなく，〇〇山の体が非常に大きいということをメタファー

として伝えているのだし、「今度の日曜釣りに行かないか？」という誘いに対する「その日は××県にあるお祖父さんのうちへ行くんだよ」という答えは、単に自分の予定を告げているのではなく、「一緒に釣りに行けない」旨を伝えている。次の場合もそうだ。

(27) a. 鈴木は若すぎる。
　　　b. このプログラムのダウンロードには時間が掛かる。
　　　c. この塩焼きは生(なま)だ。
　　　d. 誰か独身の男(ひと)を紹介してよ。
　　　e. 台所のテーブル！

これらの発話の言語形式は、話し手が伝えようとしていることのすべてを表現していない。(27a) では鈴木が「何をするのに」若すぎるかが示されていないし、(27b) には「どのくらい——5, 6分か1時間余か——」が述べられていない。(27c) について言えば、「塩焼きであってかつ生」というのは厳密には矛盾である。(27d) が結婚願望のある女性によって言われているとすれば、「独身の男」には単に「男性で、成人で、結婚していない」だけでなく「あまり年寄りではなく、ある程度の資産・収入があり、DVを働くような性格でない人...」等の条件が加わっているはずだ。(27e) が老眼鏡を探している夫に妻が言っているのだとすれば、「メガネは台所のテーブルの上にありますよ」ということになろう。まとめれば、(27a-e) によって伝えられようとしていることの例は (28) のようになる。

(28) a. 鈴木は社長になるには若すぎる。

b. このプログラムをダウンロードするには，あなたの考えているよりも長い時間がかかる。
c. この塩焼きは生焼けだ。
d. 誰か私と同世代で，ひどく貧乏だったり，DV をするようなことのない，つまり私が結婚したくなるような独身男を紹介してよ。
e. あなたがいつものように探し回っているメガネは台所のテーブルのうえにありますよ。

そこで関連性理論は次に示すテーゼを立てている。

(29) 発話の言語形式が持つ意味は，発話が表現している意味（＝発話によって表出される命題）を下回る。

(29) を「意味確定度不十分性のテーゼ (semantic underdeterminacy thesis)」と呼ぶ。このテーゼは Carston (2002) の第 1 章（約 80 ページにも及ぶ）に詳しい。発話の言語形式の意味だけを解釈しても，発話が表現している意味には及ばない，ということだ。「発話によって表出される命題」の原語は the proposition expressed by an utterance であり，略して「表出命題」とも呼ばれる。

ところで，(27) のように"意味確定度不十分"な発話から，聞き手はどうして (28) のような，より明確な意味が伝達されていることを知るのだろうか？ それは聞き手が推論 (inference) を働かせて，発話の言語形式にさまざまな調整（肉づけをしたり，意味に制限を加えたり）するからである。この調整を「語用論過程

(pragmatic procedures)」と言う。次の項では，"意味確定度不十分"性が生ずる原因を数え上げ，それを聞き手がどのような語用論過程で補っているかを具体的に示す。

発話の言語形式と伝達される意味との間に"ずれ"があることは，どの語用論理論でも多かれ少なかれ認めていることだが，(29) のように明瞭なテーゼを設け，かつ，そのずれを調整する語用論過程を具体的に示している点は関連性理論の大きな特徴である。

---

### コラム❸

カーストン（Robyn Carston, 1955-）はニューランド生まれの俊才で，関連性理論第 2 世代の代表である。筆者がサバティカルでロンドン大学に 1 年を過ごした時は，ちょうどウィルソンが不在で教育・学務をすべて任されていた上に博士論文（これに加筆・発展を加えたものが Carston (2002) である）仕上げの時期であったにもかかわらず，夫君ジェガラック（Vladimir Žegarac）と共に筆者夫婦に大層親切にしてくれた。敬老の精神に富み，大学院生を交えた談話会の時など，筆者のための椅子を運んできてくれたりした。座中唯一の年寄りであることを自覚させられて，幾分残念でもあったのだが。

## 1.3. 語用論過程

### 1.3.1. 発展

　意味確定度不十分性を生じさせる原因の一つに発話を構成する言語形式のあいまい性（多義性）(ambiguity) がある。英語のbank には，「銀行」「(川などの) 土手」という二つの意味がある。これに応じて (30) は「彼は銀行に行った」「彼は土手に行った」という二つの意味を持ちうる。

　(30)　He went to the bank.

日本語には「貴社の記者が汽車で帰社する途中巡礼に喜捨し ...」などに見るように，音が同じで意味が違う「同音異義語」が数多くある。たいていの場合は漢字が区別の役割を果たすが，

　(31)　この小説の主人公のシコウについて述べなさい。

のように仮名で書かれたり音声だけで示されたりすると，「志向，思考，嗜好，試行」等々のうち，どれが示されているのか分からない。

　あいまい性は文にもある。日本語から例をとると，

　(32)　警官は自転車で逃げる容疑者を追いかけた。

などがある。つまり，(32) では自転車に乗っていたのは警官なのか容疑者なのか分からない。英語のあいまい文で代表的なのは，

(33) Flying planes can be dangerous.

だろう。つまり，Flying planes の部分が「飛行機を操縦すること (To fly planes)」「飛んでいる飛行機 (Planes that are flying)」のどちらの意味で「〜は危険なことがある (can be dangerous)」に続いているかによって，文全体の意味が違ってくる。

意味のあいまいな発話に出会ったときに聞き手が行うのが「語用論過程」の第一，すなわち①**あいまい性除去**（一義化）（**disambiguation**）という名の過程である。①によって，いくつかの意味の中から話し手が伝えようとしている意味が選び出される。そのとき決め手となるのが「関連性 (relevance)」なのだ。関連性とは何か，なぜそれが決め手となるのかの説明は，次の項 1.4 節までお預けにさせていただく。

意味確定度不十分性を生じる第二の要素は，次の例で下線を引いた「指示詞 (indexicals)」[4] の使用である。

(34) a. 彼女はあいつが嫌いだ。
　　 b. あの時は，鈴木と一緒にあそこへ行った。
　　 c. その日は，午後 5 時までここにいたよ。

「彼女」が誰を指すか，「あそこ」がどの場所か等が明確にならないと，(34) に類する発話の解釈は成立しない。これを行う語用論過程を②**飽和**（**saturation**）と呼ぶ。（この意味での「飽和」という

---

[4] ［指標辞］とも言う。人・もの・場所・時などを大ざっぱに示す語類である。「彼，あれ，それ」などの代名詞が代表格。なお，「鈴木」などの固有名詞を指示詞に数えることには異論もあるが，本書では指示詞に含める。

用語を使い始めたのはレカナティ (François Recanati, 1952-) である。彼は，発話解釈の「亜人格性」(後述) を十分に認めていない等の点を除いては，関連性理論に比較的近い立場をとっている。)

発話の中には，ことばで表されていない要素を持ち，その要素を掘り起こさないと語用論的意味が完成しない，というタイプのものがある。次の (35) では [ ] 内の要素が分からないと，話し手が伝えようとしていることの意味は分からない。

(35) a. 大好きよ。[誰が何／誰を？]
　　 b. 鈴木は若すぎる。[何のために？] ( = (27b))
　　 c. リニア新幹線のほうが速いよ。[何より？]
　　 d. それで十分だ。[何のために？]
　　 e. マサ子の絵は良い。[マサ子と絵の関係？] ( = (23))

(35) のタイプの発話の [ ] 部分を適切に補うのも飽和の働きである。飽和によって，たとえば「話し手である花子は焼き芋が大好きである」「リニア新幹線は2027年における世界のいかなる他の鉄道車両よりも速い」などの語用論的意味が得られる。この場合も適切な要素を選ぶ決め手となるのは「関連性」である。

次の例の，特に下線部を見てほしい。日英語の似たような表現をペアで選んでみた。

(36) a. 毎晩一升？ そりゃ君<u>飲み</u>すぎだよ。
　　 a'. The trouble with him is that he <u>drinks</u> too much.
　　　　(彼の欠点は飲みすぎることだ)
　　 b. 誰か<u>独身の男(ひと)</u>を紹介してよ。( = (27d))

b′. I'm looking for a bachelor.

(私, 独身者を探しているの)

c. この塩焼き, 生だ。(= (27c))

c′. This steak is raw. (このステーキ, 生だぞ)

d. インドシナ半島は象の頭だ。

d′. France is hexagonal.

(フランスは六角形だ)

e. あいつはお殿様だからな。

e′. Sheila is a princess. (シーラは王女様よ)

(36a) の「飲む」も (36a′) の drink も, 辞書的な意味は「(主として液体を) 口を通じて胃に送る」であろうが, この二つの例ではその液体を「アルコール飲料」に狭めて使われている。(36b) の「独身の男」と (36b′) の bachelor でも, その意味は単に「成人, 男性, 結婚したことがない」だけでなく, (27d) について述べたとおり,「あまり年寄りではなく, ある程度の資産・収入があり, DVを働くような性格でない人 …」等の条件が加わった, より狭い, つまり「特定化」したものになっている。(36c) の「生」と (36c′) の raw は,「まったく加熱されていない」という辞書的意味から,「加熱不十分である」に意味が「拡張」されている。(36d) の「象の頭」, (36d′) の hexagonal も, 本当の象の頭や幾何学的に正確な六角形ではなしに,「象の頭を横から見た輪郭に似た形」「六角形に似た形」のように, やはり辞書的意味を拡張した, というか少し「ズラした」意味で使われている。

(36e) の「お殿様」は, 江戸時代までいた「大名」を現代人に当

てはめている点では「意味の拡張」だが,「(昔の(一部の)殿様のように)世事に疎くて,幾分間が抜けている」という意味は,本当の殿様には無論世事に長け,頭の働きの切れる人もいたわけだから,「狭めた」意味でもある。(36e′) の princess は「気位が高くてわがままだ」の意味である。Sheila などという庶民的な名前の本物の王女などイギリスにもいないだろうし,共和国のアメリカにそもそも王女はいない。その意味でこの例の princess は意味を拡張されているが,その反面,本物の王女様の中には謙虚で愛他的な方々もおられるのだから,「気位が高くてわがままな」という部分は狭められた意味である。

(36) の下線部のような例が持つ意味解釈をもたらす語用論過程は**③アドホック概念構築 (ad hoc concept construction)** である。「アドホック」というのは「その場その場の」ということだ。聞き手は,アドホック概念を作り上げることによって,話し手の意図する"辞書的意味を拡大した,縮小した,あるいはその両方を行った意味解釈"を得るのである。

ここで気がつくのは,メタファーとか誇張表現とか,その逆の「緩叙法」(わざと控えめに言うこと)なども,その意味はアドホック概念構築によって選ばれるものであり,「修辞的表現」などといって特別視することはない,ということである。事実,(36d, d′, e, e′) の下線部などはメタファーと呼べなくもないほどだ。次の例を見てほしい。

(37) a. あの男はタヌキだ。 [メタファー]
    a′. Debbie is a chameleon. [メタファー]

(デビーは無節操だ)[5]

b. あいつは百万遍言って聞かせても博打をやめない。
［誇張表現］

b′. I've told you thousands of times that Austria is in Europe.［誇張表現］

(オーストリアは欧州にあるって何千回も教えたろ)

c. 母親を殴った？ それはちょっと酷いなあ。［緩叙法］

c′. He seems to be a little upset. ［緩叙法］

(あの人，少しご機嫌が悪いみたいだ)［激怒のあまり物を壊したり，周りの人に殴りかかったり，大暴れをしている人について］

(37)の「表出命題」は，すべてアドホック概念構築によって得られるのである。

　関連性理論では，英語の単語がアドホック概念を表していることを明らかにしたいときは，その単語を全部大文字で書き，かつ「＊」を右肩に付けるのを慣例にしている。drink, raw, chameleon, hexagonal がそれぞれ「アルコール飲料を飲む」「生焼け」「情況によって自在に態度等を変える人」「六角形に似た形」の意味で使われているときは，DRINK*, RAW*, CHAMELION*, HEXAGONAL* と書く。日本語の場合は大文字小文字の区別はないから * をつけるだけにしよう。つまり，飲む*，生*，カメレオン*，お殿様* 等とするわけである。

---

[5] カメレオンは「周囲の風景と同じ色に体を変色させる」という俗説から「状況に応じて態度を変える，無節操な人」のメタファーとして使われる。

アドホック概念構築によって適正な解釈を得る場合も，その根本には「関連性」がある。

今度は，④**自由補強**（**free enrichment**）によって得られる意味解釈を扱おう。次の例を見てほしい。

(38) a. あなたはガンにはなりません。
　　 a′. You are not going to die.
　　 b. 和夫は律子を殴り，律子は離婚に踏み切った。
　　 b′. Jim hit Sue and she walked out on him.
　　 c. 昼食は済ませました。
　　 c′. I've eaten lunch.
　　 d. パーティー？ だって着るものがないわ。
　　 d′. I've got nothing to wear to the party.

(38a) が占い師の言ったことばならば，その意味は「あなたは生涯ガンにならない運命である」かもしれず，それを信ずる限り有り難い報せだが，大腸の内視鏡検査をしてくれた医師のことばだったらば「(検査によってガンはもちろん，小さなポリープさえなかったのだから) あなたは少なくとも3年ほどは大腸関係のガンにかかる可能性はないでしょう」といった意味であると解釈すべきであろう。下線を引いた部分が「話し手が何を伝達しようとしているか」に基づく自由補強によって補われた内容である。(38a′) もやはり「不死の宣言」と解されなくはないが，指先に小さな傷ができただけでメソメソしている子供に言われたのだとすれば，You are not going to die from that cut. (そんな傷ぐらいで死ぬわけがない) という意味になりうる。この場合も下線部が自由補強に

よってもたらされた部分である。(38b, b′) からは「和夫／Jim が律子／Sue を殴ったことは後者が離婚に踏み切ったより<u>先に起こったことであり，また殴打が離婚の原因である</u>」という意味が受け取れる。通常の場合，上記の下線を引いた部分を伝えることも話し手の意図であろうけれど，(38b, b′) という文そのものにはこうした内容は含まれていない。これも自由補強によってもたらされた意味解釈である。

(38c, c′) について言うならば，ある人が昼ちょっと過ぎに訪ねてきた，という状況を考えよう。用事が一応済んだので，その人が空腹だろうと思い，「何か召し上がりますか？」と訊いたらば，その人が (38c) ないし (38c′) で答えたとする。するとその解釈は「<u>今日の</u>昼食は済ませて来ました」，I've eaten <u>today's</u> lunch. だろう。「去年の10月1日に昼食を済ませました」とか，「昼食というものを食べた経験があります」などではありえない。しかしこの場合も，下線部は自由補強により与えられた内容で，(38c, c′) という文自身には盛り込まれていない。(38d, d′) はどうか？ この発話の話し手が，着るものを一切持っていない，という事態も論理的にはありえるが，もう少し自然な解釈としては「<u>パーティーに来ていくのにふさわしい</u>ドレスが無い」，I have nothing <u>appropriate to wear to the party</u>. だろう。再び，下線部は自由補強の賜物である。自由補強によって適正な解釈を得る場合にも，その根底には「関連性」がある。

さて，自由補強の「自由」は「言語形式からの自由」を意味している。「あいまい性除去」は複数の意味を持つ言語形式がどの意味で用いられているかを突き止める過程だから，その言語形式

にいわば支配されている。「飽和」は「彼，昨日，あそこ」などの指示詞が何を指すかを明らかにする過程だから，その点で言語形式に支配されている。さらに，(35)の諸例は「隠れている要素」を突き止める過程だが，(35a)の「大好き」という言葉は主語と目的語を本来持っている言語形式であり，(35b)の「〜すぎる」という語は本来的に「何かとの関係において」という要素を持っている言語形式である。また，(35c)の「〜のほうが速い」という言い方，(35d)の「〜で十分だ」という言い方，(35e)の「〜の絵」という表現は，それぞれ「何に比べて」「何のために」「〜とどういう関係において」という要素を必要とする言語形式である。その意味で(35)で補われている要素はいずれも「言語形式に支配された」要素なのである。また，「アドホック概念構築」について言えば，(36a, a′)は「飲む／drink」の目的語（液体一般，薬等）をアルコール飲料に「狭めて」使っているのだし，(36b, b′)の「独身の男／bachelor」が本来持っている「男性，成人，未婚」という定義に加えて「あまり年寄りでなく…」等の条件を足すことにより対象を狭めている例である。(36c, c′)の「生／raw」はその叙述対象を「いっさい加熱していない」から「加熱が足りない」に「拡張して」使っているのだから，「生／raw」という言語形式に支配されている。同じことが(36d-e′)，また(37a-c′)の下線を施した各語について言える。つまり，これらから得られるアドホック概念は，いずれも言語形式を出発点にして，それらの意味を拡大，縮小，あるいはズラすことによって得られたもので，その点，言語形式に支配されているのである。

　それに比べて「自由補強」では事情が異なる。(38a)の「ガン

になる／ならない」という言語形式には,「時期」を示す言語形式は必須の要素として付いていない。だから「少なくとも3年」という要素は言語形式に基づいて補われるわけではない。ここが「若すぎる」などの言語形式が必須の要素として「何をするには」という要素が本来ともなっており,これを欠いた (35b) のような文の意味を完成するには「結婚するには,社長になるには」等の「言語形式に支配された要素」が補われなければならない場合とは根本的に違う点である。(38a′) の die という語は「死因」を表す要素を伴う言語形式ではない (理屈の上ではもちろん「死ぬ」には「死因」が伴うが)。だから from that cut を補うのは言語形式に支配された行いではない。(38b) の「殴り」という連用形は因果関係や前後関係を含んだ言語形式ではないから,(38b) という文の前半が後半の原因を示すとか,前半が後半より時間的に先行するという解釈を下すのは,言語形式に従っているわけではない。(38b′) の場合も,and という語が多義的でその中から一つの意味を選んでいるわけではなく,関連性を得ようとする推論によってこの語の前の部分が後の部分に時間的に先行する,前者が後者の原因である,等の意味が汲み取られているわけだから,やはり言語形式に支配された過程ではない。

　同じように,(38c)「昼食」に「今日の」を補い,(38c′) の lunch に today's を補うのも,言語形式に支配された過程ではなく,(38d) の「着る」に「パーティーにふさわしい」を,(38d′) の nothing に appropriate を補うのも,言語形式に起因するものではない。これらのことから「自由補強」がなぜ"自由"という修飾語を冠されているかがお分かりいただけると思う。

> ### コラム❹
>
> 　レカナティは 2001 年，筆者主催の学習院大学におけるワークショップもために来日してくれた。このことを事前にウィルソンに話したら，He (=Recanati) is great fun. という感想がメールに書いてあった。なるほど，レカナティはワークショップ直前に「私の講演は，フランスの真夜中に当たる時間帯には置かないでほしい」というメールをよこしたり，来日直後の晩餐の折はメニューと時計を見比べながら「フランスでは今何時だろう？ あ，午後 2 時だ。では昼食にしなくては」と言う。冗談かと思ったら本当に軽いサラダか何かを注文していた。いや，そんな揶揄を言ってはなるまい。彼はその著（Recanati (2004)）に「今井教授主催の学習院大での講演が，自分の研究に多大の進歩をもたらした」という，最大級の謝辞を書いてくれたのだから。

### 1.3.2.　明意と暗意

　これまでに述べた四つの語用論過程（あいまい性除去・飽和・アドホック概念構築・自由補強）を合わせて「発展 (development)」と呼ぶ。発展によって得られる命題[6] を (29) について述べた「発話

---

　[6]「命題 (proposition)」という名称はさまざまな意味で使われるが，本書の目的からすると次の定義が適切であろう。
　　「命題とは，それが表す内容が真であるか偽であるかを確かめることのできる言語形式であり，また，内容が真であるか偽であるかを確かめることのできる言語形式は命題である。」
「内容が真であるか偽であるかを確かめることのできる」という部分は，

によって表出された命題 (the proposition expressed by an utterance)」，略して「表出命題 (the proposition expressed)」と称する。スペルベルとウィルソンは次のようなことばで表出命題と，その明示性 (explicitness) を定義している。

(39) 発話 U によって伝達される想定は，もしそれが U によってコード化された論理形式[7]を発展 (develop) させた想定の集合の部分集合であれば，そしてその場合に限り，「発話によって表出された命題」であり，「発話によって表出された命題」は明示的 (explicit) である。明示的に伝達された想定を「明意」と呼ぶ。

(An assumption communicated by an utterance U is explicit if and only if it is a development of a logical form encoded by U. [W]e will call an explicitly communicated assumption an *explicature*.)

(Sperber and Wilson (1995: 182, 294) に基づく)

---

もっと簡便に「真理値 (truth value) を持つ」とか，「真偽判定可能な (truth-evaluable)」と言うこともできる。「馬」という単語や「鞍の上に」などの句 (phrase) の真偽を確かめることはできない。命題はまずもって「文」である必要がある。しかし，文であるだけでは不十分である。

「馬です」は文だが，何が馬なのか馬がどうしたのか分からないので真偽値を持たないから命題とは言えない。せいぜい「不完全な命題」とでも呼ぶほかない。この文を「発展 (develop)」させて，「人間にとって一番役に立つ動物は馬です」「私の最大の楽しみは馬に乗ることです」などの"肉付け"を行えば，命題が得られる。

[7] 本来，チョムスキーの 1970 年代の理論における用法だが，ここではほぼ「言語形式」と解して差し支えない。

つまり，彼らは表出命題のうち，意図的に伝達されるものを「明意 (explicature)」と名付ける。なぜ表出命題と明意を区別するのか？ 表出命題は多くの場合明意になるのであるが，そうでない場合もある。次の例の下線部を見てほしい。

(40)　A.　佐藤はイギリス事情に詳しいね。
　　　B.　そうとも。<u>佐藤はイギリス事情に詳しいよ。</u>首都がロンドンだということさえ知っているくらいだ。

下線部はB氏がA氏の発話をほとんどそのまま繰り返したものであり，B氏が伝えようとしていることではない。B氏は佐藤がイギリス事情に詳しいどころか実はきわめて疎(うと)いと考えている。B氏が伝達したいと考えているのは

(41)　佐藤がイギリス事情に詳しいなどと考えるのは滑稽な思い違いだ。

ということなのであって，だから下線部の後には小学生でも知っているようなことを佐藤が知っているという皮肉を言っているのである。つまり，(40) の下線部中の「佐藤」に飽和を施すなどの発展を行うことによって得られるものは，表出命題ではあっても明意ではない。繰り返しになるが，表出命題は意図明示的に伝達された場合にのみ明意となるのだ。

　人が発話によって相手に伝達しようとする意味内容には明意のほかにもう一種ある。それが「暗意 (implicature)」である。これは (42) のように定義される。

(42) 非明示的に伝達される想定を暗意と呼ぶ。

暗意は発話の言語形式を発展させたものではなく，発話の言語形式とコンテクストに基づく推論のみから得られるものであり，明意と異なり，非明示的である点に特徴を持つ。

次を見てみよう。

(43) A: 今日の飲み会出るかい？
　　　B: 今日はサチ子と初のデートなんだよ。
(44) C: 健康にいいからゴルフを始めないか？
　　　D: 僕はネコも杓子もやることは嫌いなんだ。

(43)のB君は飲み会に出るとも出ないとも言っていないし，(44)のD氏もゴルフを始めるとも始めないとも言っていない。それにもかかわらず聞き手には，B君が飲み会に出ないこと，D氏はゴルフを始めるつもりがないことが理解される。それは聞き手が次のような推論をするからである。

(43′) 今日，B君はサチ子と初のデートである。
　　　<u>初のデートと飲み会が重なった場合，男の子はデートを優先させる。</u>
　　　∴ B君は今日の飲み会には出ない。
(44′) D氏はゴルフをネコも杓子もやることだと思っている。
　　　<u>人は，ネコも杓子もやることだと自らみなすことをやろうとはしない。</u>
　　　∴ D氏はゴルフを始めるつもりがない。

どちらの推論でも第1行・第2行は前提，第3行が結論である。第1行は相手の発話の内容であり，第2行はそこから推測された前提である。このため第2行に相当する前提は「暗意された前提」，第3行は「暗意された結論」と呼ばれ，どちらも暗意である。

英語から少し例をとろう。下線部が暗意を持つ。

(45) a. René:　Is Jane a good cook?
　　　François:　She's English.
　　b. Bob:　Have you read Chuck's new book?
　　　Steve:　I don't read what hacks write.
　　c. Sue:　Why didn't you invite me to your party?
　　　Janet:　I only invited nice people.

(45a)のフランソワは，ルネがジェインの料理の腕前を訊いているのに，彼女の国籍というか人種を答えている。ルネはここから次の推論を経てフランソワの暗意を汲み取るのである。

(46)　すべてのイギリス人は料理下手である。
　　　ジェインはイギリス人だ。
　　　∴ジェインは料理下手である。

第1行はフランソワの発話から推論される「暗意された前提」，第2行はフランソワの発話であり，この推論のもう一つの前提となる。最終行が「暗意された結論」である。

(45b)のスティーヴの発話からボブが暗意を汲み取る過程は(47)に示すとおりである。

(47) スティーヴは三文文士の書くものは読まない。
　　　スティーヴはチャックを三文文士とみなしている。
　　　∴スティーヴはチャックの新作を読んでいない。

第 1 行はスティーヴの発話そのもの，第 2 行はその発話から推論される「暗意された前提」，最終行は「暗意された結論」である。

(45c) にはいささか面白い面がある。ジャネットの発話を論理式で書くと (48) となる。

(48) $\forall x \{\text{INVITE}(\text{Janet}, x) \rightarrow \text{NICE}(x)\}$
　　　（どの x についても，ジャネットが x を招待するのであれば，x は感じのいい人である）

論理学の本を覗けば分かるとおり，P → Q（P ならば Q）は ¬Q → ¬P（Q でなければ P ではない）と同値，つまりまったく同じことを表現している。すると，(48) は (48′) と同値ということになる。

(48′) $\forall x \{\neg \text{NICE}(x) \rightarrow \neg \text{INVITE}(\text{Janet}, x)\}$
　　　（どの x についても，x が感じの良くない人であれば，ジャネットは x を招待しない）

となると，(45c) のジャネットの発話から得られるのは，(49) のような推論である。

(49) $\forall x \{\neg \text{NICE}(x) \rightarrow \neg \text{INVITE}(\text{Janet}, x)\}$
　　　$\neg \text{NICE}(\text{Sue})$
　　　∴ $\neg \text{INVITE}(\text{Janet}, \text{Sue})$
　　　（ジャネットはスーを招待しなかった）

ところが，最終行はスーもジャネットもすでに知っていることである。だからこれはジャネットがスーに伝えようとしていることではない。つまり「暗意された結論」ではない。ここでの暗意は第2行，つまり「暗意された前提」だけなのである。

さて，明意をもたらす「発展」も推論である。暗意を得る過程も (43′), (44′), (46), (47), (49) に見るとおり推論である。ではどこが違うのか？ 発展は発話の言語形式を何らかの手掛かりにして行う推論であるのに対し，暗意は推論のみによって得られる想定である，という点が両者の相違である。自由補強は発展の中でも言語形式から自由である旨を上に述べたが，その自由補強でさえも，たとえば (38a′) に from that cut を補う場合，(38a′) の言語形式 You're not going to die. という言語形式に副詞句という言語形式を付加する形をとっている。それに対して暗意獲得では，ことに「暗意された前提」に典型的にみられるとおり，話し手の発話とはまったく異なる言語形式が登場する。明意と対比される際の暗意が「推論のみにて得られる想定と」呼ばれるゆえんである。

なお，implicature というのはグライスの造語であり，explicature はスペルベルとウィルスンの造語である。この本では explicature に「明意」，implicature には「暗意」という訳語を当てているが，それぞれを「表意」，「推意」としている著書等もある。また，本書ではグライスおよび新グライス派の用語としての implicature には「含意」という語を当てている。これは，のちに示すとおり，関連性理論の言う「明意」は，グライスおよび新グライス派が言うところの implicature に相当するものを含み，また

「暗意」にはグライスおよび新グライス派の言う implicature 以上のものを含んでいるからである。

### 1.3.3. 高次明意

まず，上で扱った (40) と (41)（下に再録）を思い出してほしい。

(40) A. 佐藤はイギリス事情に詳しいね。
　　 B. そうとも。<u>佐藤はイギリス事情に詳しいよ</u>。首都がロンドンだということさえ知っているくらいだ。

(41) 佐藤がイギリス事情に詳しいなどと考えるのは滑稽な思い違いだ。

B 氏が A 氏に伝えようとしていることは (40) の下線部ではなく，(41) なのであった。(41) は実はこれから説明する「高次明意 (higher-level explicature)」なのである。

より一般的に言うと，発話によって伝えられることには，明意と暗意に加えて存在するものとして高次明意がある。高次明意は次のように定義される。

(50) 表出命題を発話行為述語（「言う」「ささやく」「どなる」，など）や命題態度述語（「残念に思う」「滑稽だと考える」「〜と信ずる」など）の目的節として埋め込むことにより得られるもの。

たとえば，次の発話があったとする。

(51) 純一: (残念そうに) できない。

(52) 雪子: (ささやき声で) いつもの場所で待っているわ。

聞き手はこれらに発展を適用して、それぞれ

(51′) 純一は聞き手が進めようとしている革新計画に参加できない。

(52′) 雪子はバー・ブリアンで聞き手を待っている。

という表出命題を得る。この場合、(51′), (52′) は (51), (52) の明意でもある。と同時に、聞き手は (51), (52) から、それぞれ

(51″) 太郎は聞き手が進めようとしている革新計画に参加できないことを残念に思っている。

(52″) 花子はバー・ブリアンで聞き手を待っている旨、ささやいた。

という想定も得る。これが高次明意の例である。

(40) の下線部はアイロニーである。これはこの部分が (41) という高次明意を持つからである。一般にアイロニーは高次明意の働きによって成立すると言える。次を見てほしい。

(53) a. What a lovely day for a picnic!
   b. Did you remember to water the flowers?
   c. Bill is a fine friend.
   d. Mike is not known for generosity.
   e. A: 松田は古典文学に詳しいね。
      B: そうとも。松田は古典文学に詳しいよ。枕草子

の作者が清少納言だってことも知ってるくらい
だ。

f. 税金を引かれると残りはこれだけ。<u>有り難い話だ。</u>

(53a, b) は，どちらもピクニックの最中に大雨が降ってきたときの発話だとしよう。(53a) は典型的アイロニーである。アイロニーは伝統的に「文字どおりの意味の逆を言う修辞的な語法」と解されてきた。これに従うと (53a) の場合，beautiful が dreadful（ひどく悪い）の意味で使われているということになるのだが，これは当を得ていない。(53a) が What a dreadful day for a picnic! と完全に同義ならば，話し手は初めからそう言うはずである。そもそも What a dreadful day for a picnic! には (53a) が持っている面白味はまったくない。しかし，(53a) が (54) のような高次明意を持っていると考えれば，よりよく説明される。

(54) <u>It is ridiculous to believe</u> that it's a lovely day for a picnic.

（今日の天候がピクニックに最適だなどと考えるのはばかげている）

下線部は (50) に言う「命題態度」である。つまり話し手は，(53a) を言うことによって，その文で述べられている考え方，ひいてはそのような考え方をした人，をいわば嘲笑しているわけである。「そのような考え方をした人」とは，気象予報官かも，あるいはその予報を報じたテレビ・ラジオの予報係かも，また話し手をメアリーとすれば前夜に「明日はピクニックに最適の天気にな

るぞ」と言ったメアリーの夫かも,さらには天気予報を信じたメアリー自身かもしれない。(53b) も,花壇は雨で十分に潤っているにもかかわらず「花に水をやっておくのを忘れなかったろうね？」と訊くという行為の背後にある考えを嘲笑し,ひいてはそのような愚問を発する人がいれば,それはよほどの間抜けである,という態度を表す発話である。

(53c) は信頼していた人物に裏切られたことを憤った発話だとしよう。これについても,fine friend が「発展」のうちのいずれかの過程によって untrustworthy person（信頼できない人）などの反対語句の意味に変わったという見方をするのは正しくない。やはり

(55) <u>It is ridiculously incorrect to believe</u> that Bill is a fine friend.

（ビルを素晴らしい友達だなどと考えるのは滑稽な思い違いだ）

という趣旨の高次明意であるとするのが正しい見解だろう。下線部が命題態度を表しており,(53c) は,Bill is a fine friend. という考えを愚かしいものとして否定し,そしてそのような考えをもしする人がいたらお笑いぐさだ,という気持ちを表現した発話ということになる。

(53d) からは (56) という高次明意が得られる。

(56) The thought that Mike is not known for generosity is under-informative and irrelevant.

（ジョンが気前の良さで知られていないという考えは,事実を十

分に伝えておらず，関連性を持たない）

つまり「"気前の良さで知られていない"どころか，ジョンは大のケチンボだ」ということである。この場合 John is not known for generosity. と実際に考えている人は思い当たらないので，この考えを持つ人は「架空の第三者」ということになろうか。

(53e) の下線部は，松田君が古典文学に詳しいという考えに対する嘲笑と言ってよい。つまり，ここでは (57) という高次明意が聞き手によって推論されているのである。

(57) 松田が古典文学に詳しいなどと考えるのは滑稽である。

(53e) の下線部は話し手の意見ではない。相手の言ったことをそのまま繰り返しただけだ。そのことは (53e) の残りの部分を見ればはっきりする。「枕草子の作者」云々は「小学生でも知っていることぐらいは知っているだろうが」という皮肉である。つまり，(53e) の下線部は相手に伝えたいと思っている（＝伝達を意識している）ことではないから，この発話の明意には属さない。ここにも「表出命題」と「明意」が一致しない場合の例がある。この場合は「松田は古典文学に詳しい」と信じている人ははっきりしている。(53e) の A 氏である。したがって，B 氏の発話によって嘲られているのは「松田は古典文学に詳しい」という考えと，その考えを信じている A 氏ということになる。

(53f) の下線部からは

(58) こんなに高率の税金を取られて有り難いと思うのは噴飯ものだ。

という高次明意が得られる。つまり，(53f) による嘲笑の対象は「こんなに高率の税金を取られるとは有り難い」という考えと，(そのような考えをする人はまず存在しないから) そのように考えるかもしれない架空の第三者である。

なお，前節までに扱った明意を高次明意と区別するときは，「基礎明意 (basic explicature)」という呼び方をする。

### 1.3.4. 転嫁

(53a) (下に再録) に代表されるアイロニーは，(54) (下に再録) に代表される高次明意を伝達するものであった。

(53) a.　What a lovely day for a picnic!
(54)　<u>It is ridiculous to believe</u> that it's a lovely day for a picnic.

高次明意の中でも，主文が命題態度述語であるものの場合，その述語の目的節——(54) の場合は that it is a lovely day for a picnic の部分——を想定として持っている人は，"気象予報官かも，あるいはその予報を報じたテレビ・ラジオの予報係かも，また話し手をメアリーとすれば前夜に「明日はピクニックに最適の天気になるぞ」と言ったメアリーの夫かも，さらには天気予報を信じたメアリー自身かもしれない"と上に言った。また，(58) の場合のように「架空の第3者」であることもある。つまり，この場合の目的節は「発話時における話し手以外の人物に帰された (attributed) 考え」の持ち主ということになる。この「帰すこと (attribution)」ということばは少し固いので，これに「転嫁」とい

う訳語を当てよう。次の例を見てほしい。

(59) Oh, yeah. Sure. <u>It's a free country and I ain't got the right.</u> But I've got the badge. What have YOU got?

これはミュージカル『ウェスト・サイド・ストーリー』の中で，警官が不良少年たちに「この辺をうろつくんじゃねえ。とっとと失せろ！」と怒鳴りつけた後に言う台詞である。下線部は話し手，つまり警官の考えではない。少年たちが言いたがりそうな文句を先取りして言っているわけである。つまり，これは警官が少年たちに「転嫁」している考えだ。なお，この下線部のように You might say that ... などの目的節として埋め込まれていない文を「自由間接話法」というが，日本語では話しことばの中ではあまり自由間接話法は使わない。この点を考慮して (54) を意訳すれば次のようになろう。

(59') ああ，そうさ，分かってるさ。<u>お前たちは，アメリカは自由の国だから俺には「とっとと失せろ」なんて命令する権利はねえって言いてえんだろ</u>。だがな，俺にゃあサツのバッジが付いてるんだ。お前たちが俺に敵(かな)うわけないだろ。

次の例を見てほしい。

(60) Bill: I'm a reasonable man.
　　　 Jim: Whereas I'm not!

このやり取りの中でジムは自由間接話法を使っている。そうでな

ければジムは自分自身が"道理をわきまえない男"だと主張しているという,妙なことになってしまう。ジムが自由間接話法を使って「ジムは道理をわきまえない」という考えをビルに転嫁し,それによってビルを非難している,と解釈すればこのやり取りの意味がはっきりする。この場合もジムの発話を同じように自由間接話法を使って「それに対して私は道理をわきまえない男だ」という日本語にすると意味がよくつかめない。やはり「私は道理が分からないと君は言いたいんだな。失礼な！」という説明的な意訳が必要になろう。

(61) A: おれの責任じゃないね。
B: 社会が悪いんだ。

この問答のB氏による発話は,コンテクスト次第でA氏に味方をしているとも取れるが,ここではB氏がA氏に転嫁した考えを繰り返している場合を考えよう。「君は例によって"社会が悪い"と言いたいんだろうが,そんな言い訳は通用しない。自分自身の責任をとるべきだ」というのがB氏がA氏に言いたいところなわけである。なおここでB氏は自由間接話法を使っている。

　転嫁は文だけでなく,語や句のレベルでも起こる。「渋谷」を始終「新宿」と言い間違える人をからかって「今度新宿のハチ公の像のところで待ち合わせよう」と言う場合の「新宿」の意味は,話し手が聞き手に転嫁しているもので,実際には「渋谷」を指す。語のこういう用い方を「概念の転嫁的使用」と呼んでよいだろう。次の例もそうだ。

(62) You don't wear suspenders to hold your trousers up; you wear braces.

(63) I'm not happy; I'm ecstatic!（= (21)）

(62)はイギリスでズボン吊りを買いに来たアメリカ人がsuspendersという米語を使ったのを，少々意地悪な店員がbracesというイギリス英語に言い直させようとしている発話である。(63)は「嬉しいなんてものじゃないわ；私は有頂天よ」とでも訳すべきだろう。注目してほしいのは，suspendersとhappyがいわば引用符付きで使われている点だ。つまり，話し手はこれらの語とそれが表す概念を，自分自身の使い方ではなく，相手に転嫁された用法で用いているのである。転嫁する先は聞き手とは限らない。天下の二枚目だと自負している自惚れ屋がやってくるのを見て「ほら，天下の二枚目のお出ましぜ」と隣の人にささやくとき，下線部は第三者である自惚れ屋に転嫁された語句である。

①「あいまい性除去」，②「飽和」，③「アドホック概念構築」，④「自由補強」(この4種を「発展」と呼ぶのだった)，さらにこれに⑤暗意の獲得や高次明意の獲得を加えた，どの語用論過程においても，決め手となるのは「関連性」である。関連性とは何か，なぜそれが決め手となるのかの説明を行うのが，次節の課題となる。

## 1.4. 関連性

### 1.4.1. 関連性とは何か？

「関連性 (relevance)」，あるいは「関連性がある／を持つ (relevant)」とはどういうことか？ ある発話，あるいは情報がその受け手にとって関連性を持つのは，次の (64a, b, c) の三つの条件のいずれかを満たす場合であり，かつ，その場合に限られる。

(64) a. その人にとって確信が持てなかった想定（≒考え）が，その情報によって確信と変わるとき。
b. その人の想定（≒考え）が間違っていたことがその情報によって明らかになったため，元の想定を廃棄するとき。
c. その情報が**コンテクスト的含意** (contextual implication) を持つ場合。

まず (64a) について述べよう。

(65) 「是がまあつひの 栖 か雪五尺」は一茶の句だったかな？

と迷っていた中学生が，信頼できる人（国語の先生など）に

(66) 間違いなく一茶だよ。

と言われれば，(65) は確信と変わる。この子にとって (66) は関連性のある情報であり，(64a) の一例だ。

次に，(64b) の例を挙げよう。ある高校生が

(67)　スペインの無敵艦隊を打ち破ったのはネルソン提督だ。

と思い込んでいたとする。そこへ歴史の先生が

(68)　違うよ。それはドレイク提督だ。1588年のことだよ。ネルソンが破ったのはフランス・スペイン連合艦隊で，1805年のことだ。

と教えてくれたとする。これによってこの高校生は (67) という想定を廃棄する。歴史の先生の発話はこの高校生にとって関連性を持っていたことになる。なお，誤った想定の廃棄は，多くの場合，新しい想定の獲得につながる。この場合もこの高校生はネルソンが破った対象等について新しい想定を得ている。

(64c) の「コンテクスト的含意」を正式に定義する前に，まず具体例から始めよう。友達である野球ファンX君から，

(69)　○○選手が三冠王になったら，一杯おごるよ。

と言われていた人，Y君がいるとしよう。Y君は，特に野球が好きなわけでもないので，結果を知ろうともせずにいたが，シーズン終わりにX君から電話が掛かってきて，

(70)　オイ，○○は，ほんとに三冠王になったよ。

と言われたとする。Y君は，このことから，

(71)　X君からおごってもらうことになるな。

と思う。つまりここでは次の推論が行われている。

(72) ○○が三冠王になったらX君がY君におごる。（前提1）
　　 ○○が三冠王になった。　　　　　　　　　　（前提2）
　　 ∴Y君はX君からおごってもらえる。　　　　　（結論）

(72)の第1行はY君の頭の中にあるコンテクストであり，第2行は電話によるX君の発話である。「コンテクスト」という語は漠然とした意味で使われることが多いが，関連性理論では

(73) 発話の解釈する時点で聞き手が想起でき，推論の前提とすることのできる想定。

という意味で用いられる。たとえ聞き手が前に知識として身につけたことであっても，発話や発話解釈の時点で頭の中に想起できなければそれはコンテクストではない。相手が力士××山の大ファンだということを前に聞いていたにもかかわらず，発話の瞬間にはうっかり忘れていたため，「××山？ あんな自分の型を持っていない相撲取りが大関になれるはずはないよ。せいぜいが小結止まりだね」などと失言してしまう場合，「相手が××山のファンである」という想定は，その時点ではコンテクストではない。

さて，(72)という具体例で見た「コンテクスト的含意」（= (64c)）をごく普通のことばで言うと，

(74) i. 聞き手が前から持っているコンテクストだけからは得られず，
　　 ii. 相手の発話だけからも得られず，
　　 iii. コンテクストと相手の発話の双方を前提とした推論に

よって初めて得られる想定。

ということになる。もっと正式には,「コンテクスト的含意」は (75) のように定義される。

(75) 想定の集合[8] P は,次の条件 (i)-(iii) 下で,且つその条件下においてのみ,想定 Q をコンテクスト C においてコンテクスト的に含意[9]する。
  (i) P と C の和集合[10]が Q を非自明的に含意[11]し,
  (ii) P は Q を非自明的に含意せず
  (iii) C は Q を非自明的に含意しない。

上の具体例に当てはめれば,P は発話 (70),Q は想定 (71),C は発話 (69) によって Y 君が抱いていたコンテクストに相当す

---

[8]「集合 (set)」とは一応「ものの集まり」と理解して差し支えない。「もの」の中には人も記号その他も含まれる。{a, b}, {b, c}, {d, e, f} はそれぞれ a と b という成員(メンバー)からなる集合,b と c という成員からなる集合,d と e と f からなる集合である。日常言語の使い方と違う点は,{a} のように成員が一つでも,さらには {Φ} のように成員がゼロであっても「集合」と呼ぶ点である。

[9]「含意する (imply)」は,いろいろな意味で用いられるが,ここでは,「p が成り立つなら q も成り立つ;p から q が論理的必然として結論できる」の意味で使われている。「田中夫妻には女の子がいる」は「田中夫妻には少なくとも子供が 1 人いる」を含意する。

[10]「和集合 (union)」とは二つ以上の集合を足したものである。{a, b} と {b, c} の和集合は {a, b, c} であり,{d, e} と {f, g} の和集合は {d, e, f, g} である。

[11]「非自明的に (non-trivially) 含意する」とは,含意を得る推論過程に「拡張的含意が含まれていない」という意味である。論理学プロパーでは p という前提から「p かつ p (p ∧ p)」「p または q (p ∨ q)」,さらには,二重否定 (¬¬P)「P でないわけではない」などが含意されるが,このように "含意を拡張する" タイプの推論は発話解釈と無縁なのでこの概念が導入された。

る。

　人間は，頭の中にさまざまな想定を持っている。そして人間はその想定を増やし，不確実な想定を確実なものとし，ある想定が誤ったものであることが判れば，その想定を除去することをいつも（ほとんどの場合無意識に）願っているのである。ある人が頭に浮かべることのできる想定の総和をその人の「認知環境（cognitive environment）」と呼ぶならば，人間とは自分の認知環境が改善されることをいつも（ほとんどの場合無意識に）望んでいる存在なのだ。

　認知環境を改善する作用を「認知効果（cognitive effect）」と呼ぶなら，「関連性がある」ということは，「認知効果を持つ」ということと完全に同義になる。(64a, b, c) は「認知効果」を定義したものにほかならない。

　(76)　あなたは今，語用論関係の本を読んでいます。

という発話は，現に今，読者諸公が経験している事実だから，日常言語では読者にとって何らかの意味で"関連性"を持っているだろうが，ここで術語として使われている「関連性」はいっさい持っていない。(76) には，読者にとって (64a, b, c) の作用のどれも持っていない，つまり認知効果をまったく欠いているからである。

## 1.4.2. 関連性はなぜ「決め手」になるのか

　聞き手は，語用論過程によって発話の適切な明意と暗意をうる。その際決め手となるのが「関連性」である，と上で何遍も述

べた。ここではなぜ関連性が決め手となるのかを論じたい。

　前項を一見すると，「人間は，興味のある情報を解釈することを望む」という主張のように聞こえ，何か当たり前のことを言っているように思えるかもしれない。だとすればそれは誤解である。

　関連性理論の主張を予備的に表現すると次のようになる。

(77) 　人は，他人が自分に向かって発話をすると，その発話には関連性があると考え，自動的に（＝非意識的に）解釈を始める。その解釈方法も自動的であり，且つきわめて迅速である。

「自動的」「非意識的」ということばは，さらに思慮行使的でない（not reflective）と言い換えてもよい。つまり，聞き手は「解釈，理解をしよう」と思わないのにいわば頭のほうが勝手に解釈・理解を始めてしまう」というわけである。これはちょうど，ある程度以上の運動をすると，本人が別に肺や心臓に命令を与えなくても，肺は肺胞内の空気から血液中に取り入れる酸素を増やし，血液中の二酸化炭素の排出をより多くするように働き，心臓は拍動を速めて心室が肺や全身へ送り出す血液を増加するように働くのと同じことである。あるいは，食べ物を食べれば，消化器は勝手に反応してそれを消化し，消化器の持ち主が「今日は昼を食べる時間がなさそうだから，この朝飯の消化はゆっくりにして空腹を防ごう」と思っても，そういうわけに行かないのと同じである。

　これは，たとえば外国語や外国の文学ばかり研究してきた人が，「日本人なんだから日本の文化を知らなくてはおかしい」と考えて，能・狂言・歌舞伎・文楽を勉強し始めたりする場合とは

ちょっと異なる。この知的活動は，そもそも「日本文化をもっと知ろう」という自覚的意識が無ければ始まらないことであり，始めたものの，時間が無かったり難しすぎたり，という原因でやめてしまうということもあり得る。それに対して「彼女はあいつが嫌いだ」（＝（34a））という発言を聞いた聞き手は渡辺明日香という女性が手毛裂紙(テケレッツノパア)という芸人を嫌っている，という意味だとたちどころに解釈し，「大好きよ」（＝（35a））と言われれば「話し手が聞き手を大いに好いてくれている」，「毎晩一升？ それは飲みすぎだよ」（＝（36a））を聞けば「飲む」は「酒を飲む」の意味だと解し，「あの男はタヌキだ」（＝（37a））に接すれば「あの男」なる人物がずるくて図々しいと話し手が考えているのだと分かる。また，飲み会に誘ったところ「今日はサチ子と初のデートなんだよ」（＝（43B））と言われれば，あ，相手は飲み会には来ないな，と分かる。いずれも瞬時に理解されることであり，また自分の意思で解釈をやめる，という性質の出来事ではない。ここのところがまだピンと来ない人は次の説明を読んでほしい。

　妙なたとえだが，刑事被告人になったと想像してほしい。検察官とか検察側証人の言うことは，あなたにとって不利であり不快であるに決まっている。だからその意味を解釈するのはやめよう，と思ってもあなたの頭脳は自動的に働いてしまい，不愉快な内容の意味解釈をしてしまう。さて，いよいよ判決の日が来た。それまでに出された証拠や証言から考えて無罪はまずない，としよう。何年の刑になるのか，まさか死刑ということはないと思うが…。いずれにしても嬉しい話ではないが，だからと言って裁判官の判決を解釈しないでおこうというわけにはいかない。嫌でも

解釈してしまう。人間の頭は，つまり認知は，そのようにできているのである。

### 1.4.3. 関連性原理

なぜ関連性がそういう力を持つのか？ それは人間の頭の中が，つまり人間の認知が，進化によってそういうふうになった，とするのが関連性理論の考え方だが（その論拠は Sperber and Wilson (2002) に詳しい）。この点を原理として捉えたのが「関連性原理 I」である。

(78) **関連性原理 I（認知的関連性原理：cognitive principle of relevance）**

人間の認知は関連性を最大にするように働く性質を持つ。
(Human cognition tends to be geared towards the maximization of relevance.)

(Sperber and Wilson (1995: 260))

「認知 (cognition)」とは，「さまざまな想定を持っている状態，想定を増加・改善させたいという欲求，想定を増加・改善する場合の頭の働き」を指すことばと言ってよい。(78) は人間の認知一般に当てはまる原理である。

さて，人間はさまざまな源泉から認知効果を受け取る。火山の活動や鳥の行動なども源泉となるし，電車の向かいの席にいる他人があくびをしているのを見て「寝不足なのだろうな」と思ったりする。しかし，関連性理論が扱う認知効果（＝関連性）は，「伝達」を通じて得られる効果に限定される。「伝達」とは何だろう

か？

　電車の向かいの席であくびをする人は，別に自分が寝不足であることをこちらに伝えようとしているわけではない。真っ赤な顔をしてアルコール臭い息を吐きながら，しきりに真面目な話をしようと努力している人がいれば，周りの人は「ははあ，この人はだいぶ酒を飲んでいるな」という認知効果を得る。だがこの人は，自分が酒を飲んだことをこちらに伝えようとしているわけではない。むしろ自分が飲んでいることは知られたくないのかもしれない。つまり，この人には「**情報的意図 (informative intention)**」がまったくないのである。

　これに対して，同じあくびでも，役に立たない講演を聴いていた人が突然立ち上がって，これ見よがしに伸びをしたあげく，これ聞こえよがしに発したあくびであれば，これは講師に対する「あなたの話は退屈で何の役にも立たない」という気持ちの表明であり，そこにはこの人の明瞭な「情報的意図 (informative intention)」がある。会議などで，不穏当なことを言い出しそうな同僚に対して，目配せをして顔を横に振る人にも「それを言うのはやめておけ」という旨を伝えたい情報的意図がある。

　こうした第二のタイプでは，情報源となっている人々は相手に何かを知らせたいという情報的意図に加えて，その情報的意図を持っていることを相手に知らせようという「**伝達的意図 (communicative intention)**」を持っている。

　「情報的意図」は (79) のように定義される。

　(79) **情報的意図：**　ある想定の集合 I を，聞き手にとって顕

在的に,あるいはより顕在的にすること。

(*Informative intention*: to make manifest or more manifest to the audience a set of assumptions I.)

(Sperber and Wilson (1995: 58))

「顕在的(manifest)」とは「頭の中に思い浮かべることができる」ということであり,正確には(80)として定義され,また,「顕在的」という概念を基礎にすれば,「認知環境」も(81)としてより厳密に定義できる。

(80) もし,ある個人が,ある時点で,ある事実を自分の頭の中で表示でき,かつ,その表示が真実である,あるいはおそらく真実であるとして受け入れられることができるなら,そしてその場合に限り,その事実は,その個人にとり,その時点で顕在的である。

(A fact is *manifest* to an individual at a given time if and only if he is capable at that time of representing it mentally and accepting its representation as true or probably true.)　　(Sperber and Wilson (1995: 39))

(81) ある個人の認知環境とは,その個人にとって顕在的な事実の集合である。

(A *cognitive environment* of an individual is a set of facts that are manifest to him.)　　(ibid.)

一方,伝達的意図は(82)のように定義される。

(82) **伝達的意図**:　話し手が,なんらかの情報的意図を持っ

ていることを，話し手・聞き手双方にとって顕在的にすること。

(*Communicative intention*: to make it mutually manifest to audience and communicator that the communicator has this informative intention.)

(Sperber and Wilson (1995: 61))

情報的意図はあるが，伝達的意図はない，という場合がある。宴会で，自分の杯が空になっているのに誰も注いでくれない。自分で注ぐのも癪なので，銚子をとって隣の人に注ごうとする。隣席の人が「や，これは気が付きませんで失礼しました。あなたこそどうぞ」とこちらに注いでくれようとする。こちらは「いえいえ，私はもう充分ですので」などと心にもないことをいう。この見栄張り男は「自分の杯を満たしてほしい」旨を隣席の人に知らせたいという情報的意図はあるが，その情報的意図を相手に知られたくない。つまり，伝達的意図がないのである。

情報的意図と伝達的意図の両方に基づいて行われる伝達を「**意図明示的伝達（ostensive communication）**」と呼ぶ。人間は常に関連性を求めている一方で，成果の見込みがないことには努力を払わない性格を持つ。正確に言えば，関連性とは，認知効果の大きさと，認知効果を得るために必要なコスト，という二つの要素の間のバランスの上に成立するものなのだ。つまり，大ざっぱに言えば，認知効果が大きければ大きいほど関連性は上がるが，一方で認知効果を得るためのコストが大きければ大きいほど関連性は逆に下がるのだ。そこで，(83)「**最適の関連性の当然視**

(**presumption of optimal relevance**)」という概念が必要となる。

(83) a. 意図明示的刺激は，受け手がそれをプロセス（処理・解釈）する努力を払うに値するだけの関連性を持っている。

(The ostensive stimulus is relevant enough for it to be worth the addressee's effort to process it.)

b. 意図明示的刺激は，送り手の能力と選択が許す範囲内で最も高い関連性を持つ。

(The ostensive stimulus is the most relevant one compatible with the communicator's abilities and preferences.) (Sperber and Wilson (1995: 270))

「意図明示的刺激」とは「意図明示的伝達を行うこと」の意で，その代表格が発話である。(83a) は，発話をするということ自体が，その発話内容に認知効果があることを聞き手に（無意識的にせよ）期待させることを意味する。

人はときに腹立ちまぎれの発話や一方的な物言いをすることがある。このような発話では決して最大の関連性は表現されない。といって，聞き手が自分（＝話し手）の発話を処理・解釈する気を起こしてくれなければ困る。処理・解釈する気を聞き手が起こしてくれるギリギリの関連性は持たせなければならない。これが (83a) の言うところで，言い換えれば，発話は「最適の関連性が持つのは当然である」という「顔をしている」というのである。

(83b) の言うところは何か。人間は本来怠け者である。話し手

は聞き手に情報が伝わるという目的が達せられる限りにおいて，できるだけ努力が少なくて済む話し方をしたがるものだし，また，立場上事実を洗いざらい話すことにためらいを感じたり，全部を話したのでは相手に与えるショックがあまりに大きいと予測されるので話の一部を省略する（選択の問題）場合がある。また，生まれつき口下手だったり，聞き手の予備知識（認知環境の一部）を読みそこねて相手に分かりにくい表現をしてしまったり（能力の問題）することもある。意図明示的刺戟は，無条件に最大の関連性を持つのではなく，話し手の選択と能力が許す範囲内で最大の関連性，つまり最適の関連性を持つ，ということを言い表したのが (83b) なのである。

こうした背景から「**関連性原理 II（伝達的関連性原理：communicative principle of relevance）**」(84) が生まれる。

(84) **関連性原理 II：** すべての意図明示的伝達行為は，それ自身が最適な関連性を持つことを当然視している旨を伝達している。

(Every act of ostensive communication communicates a presumption of its own relevance.)

(Sperber and Wilson (1995: 260))

つまり，発話をするということは，それ自体「私の話を聞きなさい。貴方の認知環境改善につながる情報が，解釈のための不必要な努力を払うことなしに得られますよ」と言っていることにほかならない，というわけなのだ。

関連性原理 II があるため，人間の認知は，意図明示的伝達行為

に出会うと，自動的に，つまりその人の意思によって命令されることなしに，無意識的な，非思慮行使的な推論を始めるのである。

### 1.4.4. 解釈の手順

聞き手は，発話の解釈を，具体的にはどのような手順で行うのだろうか。要約すれば次にようになろう。

(85) a. 明意を得るための推論，つまり「発展」，と暗意を得るための推論を，接近可能な順序で行い（つまり，認知効果を計算する上の努力が最小になるような道をたどり），
　　 b. 予測された関連性のレベルに達したら解釈を打ちきる。

(Carston (2002: 143) 参照)

傍点部に注目してほしい。発話解釈は決して言語形式→表出命題→基礎明意→高次明意→暗意の獲得 ... という順序をたどるのではない。いわば「関連性を見いだすごとに」解釈が進むので，たとえば明意と暗意が同時に受け取られたり，基礎明意よりも先に高次明意を先に処理することがあったり，解釈が明意と暗意の間を行ったり来たりする。これを Wilson and Sperber (2004) は「相互並行調節 (mutual parallel adjustment)」と呼んでいる。Carston (2002) の挙げている例を参考にして説明しよう。

(86)　美奈子：　テニスしない？
　　　順一郎：　雨が降っているよ。

美奈子は，順一郎の発話の基礎明意を得るよりも前に，

(87) 順一郎は「雨が降っている」ことを<u>事実だと信じている。</u>

という高次明意を受け取る必要がある。順一郎が美奈子をからかって「担（かつ）ごう」としている場合などもあるからである。また，順一郎の発話からは，

(88) ある場所で雨が降っていれば，その場所でテニスをするのは不可能である。

という「暗意された前提」が得られ，これと順一郎の発話を前提として

(89) 今，ある場所で雨が降っているので，その場所でテニスをするのは不可能である。

という「暗意された結論」が得られるが，これは太郎の発話の表出命題（この場合は基礎明意でもある）である，

(90) 今，花子と太郎のいる場所（テニスコートを含む）で雨が降っている。

を獲得するより前に起こっている可能性がある。あるいは (90) のほうが発展によって先に獲得され，これと (88) を前提とした推論の結果，

(91) 花子と太郎は，今，テニスができない。

という暗意が得られる場合もあろう。

解釈の手順が (85) のようなものであるため，発話解釈はきわめて「迅速な」ものになるのである。

### 1.4.5. 亜人格性

1.3 節を中心として発話解釈の過程を述べてきた。ただし，やむを得ないことだが，これは分析的・再現的な述べ方である。読者も内省を試みれば分かるとおり，実際の発話解釈の際，解釈者は解釈の過程を意識していない。たとえば，(43) の B 君の発話「今日はサチ子と初のデートなんだよ」を聞いた A 君はたしかに (43′) に示したような推論を行っているはずだが，これは当人には意識されない。A 君は B 君の発話を聞いた途端に「B 君は飲み会に出ない」という暗意を悟る。これは発話解釈が「**亜人格的**」な過程だからである。

「人格的 (personal)」と「亜人格的 (sub-personal)」の違いは何か？ 人がある行動を行うとする。これには人格的説明が可能な場合と，亜人格的説明が可能な場合とがある。前者によれば，この行動は人が何らかの「理由」に基づいて，意識的・自発的に行った行為であると説明される。後者によれば，人——というよりある一つの体系——が，何らかの入力を「原因」として，自律的・機械的・無意識的に，非思慮行使的に，そしてきわめて迅速に反応した結果起こったこととして説明される。

発話解釈は (85) に示した手順で，自動的，無意識的，非思慮行使的，かつ迅速に行われる。解釈の結果を後になって振り返り，どうしてそういう結果が得られたかを分析・再建することは可能で，それは人格的行為である。しかし，実際に解釈を行って

いるとき，その過程そのものは亜人格的なのである。

　人格的状況や行動は，そのままでは科学的研究の対象にはなりえない。状況や行動を亜人格的な要素に還元しえたときにはじめて，本当の科学的説明の可能性が生まれるのである。筆者が憂えているのは，関連性理論以外の語用論が，人格的説明が科学的説明として通用すると信じているかに見える点である。

### 1.4.6. 心の理論

　聞き手は相手の発話に現れる bank が銀行か土手かを推論によって判断する。(36e′) の princess が本当の王女，「高慢な女」のどちらの意味で使われているのか，また「太郎は古典文学に詳しいよ」が誉めことばなのか皮肉なのかの判定についても同様である。「雨が降っているよ」から導かれうる暗意には「傘を持って行きなさい」「咲き始めた桜も終わりだな」「洗濯物をしまわなくては」等，いろいろある。しかし，(86) の順一郎の発話からは正しく「テニスはできない」という暗意が獲得されている。これは聞き手が関連性原理 II に導かれつつ，話し手の心を「読んで」いるからである。

　「心の理論 (theory of mind)」とは，「他人の心，つまり他人の認知環境を読みとる能力」である。自閉症者やある種の老人性認知症，ウィリアムズ症候群の人たちは，心の理論に欠陥を持つため，伝達能力が健常者のそれに比べて著しく低くなる。

## 1.5. モジュール

これまでに見てきたことを総合すると,関連性理論は発話解釈を,関連性理論に基づいて,(i) 亜人格的な (ii) 心の理論に従う (85) に示された手順により行われる,自動的,無意識的,非思慮行使的,迅速に行われる過程であると見ている。これを一言で言えば,関連性理論は発話解釈,つまり語用論過程を**モジュール** (module) とみなしていることになる。モジュールとは何であろうか?

### 1.5.1. フォウダーのモジュール論

Fodor (1983) という,縦20センチ,横13センチほどの版でページ数も150に満たない小さな本が「モジュール論議」,もっと正確には「心のモジュール論議」を惹き起こした。

(77) を巡って,心臓,肺,消化器の働きは,その"持主"の意図に指示されたものではない旨を述べた。これは実は,これらの器官がモジュールであることを述べたことにほかならない。Fodor (1983) の主張は,人間の認知体系(= cognitive system = 心 = 頭脳)もかなりの程度モジュール的 (modular) である,というものであった。[12] もう少し詳しく言うと,脳の働きのうち,比

---

[12] この本の表紙には図2 (p. 72) に見る図が載っている。これはガル (Franz Joseph Gall, 1758-1828) の「骨相学 (phrenology)」に基づくもので,骨相学とは,脳の特定の部位が特定の機能を担い,その機能が発達するとその部位が肥大して頭蓋骨のふくらみとなって現れるとする説である。つまり,頭蓋骨の形を見れば,その人の性格・能力・倫理観が分かるというのであった。骨相学そのものを奉ずる人は現在ではいないが,ガルの説が今日では常識と

較的下位のもの，たとえば知覚や言語処理，[13] 運動制御などを司るのはそれぞれのモジュールであり，総合的判断とか，得られた知識の定着，問題解決 (problem-solving)，計画立案など，各方面のコンテクストを要する，いわば「高級な」働きは「中心的体系 (central systems)」によって行われるというのがフォウダーの考えであった。

フォウダーによれば，認知体系として働くもののうち，ある種の性質を「興味を惹く程度に」備えたものはモジュールであるという。彼は次の9つの性質を挙げているが，ここでは論議に必要な1～4についてのみ述べよう。[14]

1. 領域特定性 (domain specificity)
2. 義務的操作性 (mandatory operation)
3. 操作過程の迅速性 (fast processing)
4. 情報遮蔽性（しゃへい）(informational encapsulation)
5. 中心的体系への接近不十分性 (limited central accessibility)
6. 出力の"浅薄性" ('shallow' outputs)
7. 固定的神経体系 (fixed neural architecture)
8. 特徴的・特定的破損パタン (characteristic and specific

---

なっている脳機能局在論の「先駆け」であったことは否めない。筆者のイギリス留学2年目の1958年はガルの生誕200年で，BBCの外部寄稿者 (outside contributor) だった筆者はガルについて15分ばかりの放送をした。

[13] ここでは発話の単語，文法構造などを，意味を扱わない範囲で，表層的な観点から解析をすることを指す。

[14] 5～9について特に興味のある人は，Fodor (1983: 55ff., 86ff., 98ff., 99ff., 100ff.) を参照のこと。

breakdown patterns)
9. 個体発生の特徴的ペースと順序 (characteristic ontogenetic pace and sequencing)

1. 領域特定性

　聴覚はもっぱらオトを対象とする。聴覚でものを見ることはできない。つまり聴覚の領域はオトに特定されている。その意味で聴覚はモジュールである。一方，視覚の領域は可視世界に特定されている。視覚でオトを聴くことはできない。

　「言語を使う能力」はモジュールである。このモジュールは言語という特定の領域に奉仕し，たとえば速く走るようになるためには何の役にも立たない。Smith and Tsimpli (1995) の研究で有名になった「言語天才」クリストファーは，一人で外出すれば必ず道に迷い，健常な 5 歳児なら解ける知的問題が解けないなど，他の面では知的障害を持つにもかかわらず，20 にも及ぶ言語を自由に使いこなす。これはクリストファーが，言語使用能力の高さと他の多くの領域に関わる認知能力の低さの間に「乖離(dissociation)」を持っていることを示す。

2. 義務的操作性

　あなたの嫌いな音楽が流れてきたとする。いやだからこれが聞こえないようにしようと思っても聴覚を停める（？）のは不可能である。せいぜいが両手で耳を覆って聞こえる音量を下げるしかない。残酷な，あるいは醜い対象・状況，あるいはそうした映像に出くわしても，視覚そのものを制御してそうしたものが見えな

いようにするわけにはいかない。これまたせいぜい眼をつぶる以外にない。聴覚，視覚はモジュールなのでその働きは「義務的」であり，"持主"の自由にはならない。これに対して，他人を殴ろうとする腕の動きはモジュールではないから，「あ，暴力はいかん」という気持ちが働けば，ひっこめることができる。

## 3. 操作過程の迅速性

「言語追尾法（speech shadowing）」という作業がある。通例録音されたことばにすぐ続けてこのことばを復唱する作業だ。左右の脳の機能の差[14]を調べたり，聴覚処理障害[15]の診断に使われるほか，我が国では英語教育にもある程度使われている。[16] フォウダーは Marslen-Wilson (1973) を根拠に，被験者の中には録音されたことばの音声信号だけでなくその内容理解もきわめて速い人たちがいることを指摘し，また，Potter (1975) の研究結果を引いて，一連の写真を見せられた被験者がそれを記憶するか否かは，一枚の写真を見せられる時間が 125 ミリセカンドの場合でも 70％，167 ミリセカンドの場合は 96％に達することを示し，こうした入力処理の操作過程が実に迅速であることを強調している。

---

[14] 大脳の左半球は言語や計算などの論理的思考を受け持ち，右半球は音楽，絵画等の機能を受け持っていると考えられている。

[15] 聴力の低下は見られないにもかかわらず，ことばを処理する上での困難（「聞こえているのに分からない」）を持つ障害。

[16] 玉井 (2005) 参照。

### 4. 情報遮蔽性

　認知システムが「情報遮蔽性」を持つということは，そのシステムがある入力を処理する場合，他のシステムにある情報を役立てることができない，ということである。これを表す代表的な例が図1の「ミュラー・リアーの錯視」である。この図で，水平な直線はまったく同じ長さなのだが，上の直線のほうが長く見える。物差しで測って，たとえば両方とも10センチであることが分かっても，やはり見ると上のほうが長いという印象はぬぐえない（つまり，"他のシステムからの情報"があっても役に立たない）。

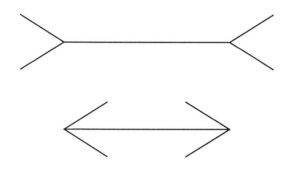

図1　ミュラー・リアーの錯視 (The Müller-Lyer illusion)

## 1.5.2. 100％モジュール説

　フォウダーの考えは，すでに述べたとおり，人間の精神 (mind)（頭脳）の働き，つまり認知体系のうち，モジュールであるのは，いわば下位の知覚的入力システムであり，総合的判断とか，得られた知識の定着，問題解決，計画立案，言語の意味解釈など，

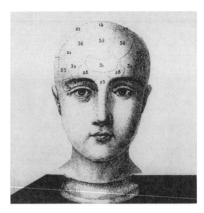

図 2　骨相学チャートの例（Fodor (1983) の表紙より）

各方面のコンテクストを要する，いわば「高級な」働きは，中心的体系によって行われるというものであった。関連性理論も Sperber and Wilson (1986) の段階では語用論過程はフォウダーの言う中心的体系によって扱われるものであると主張していた。

しかし，関連性理論による語用論過程を考究していけばいくほど，その過程がモジュール的であることが，上に述べたとおり，明らかになってきた。そこで，スペルベルは Sperber (1996) において「100%モジュール (massive modularity) 説」を唱え，Sperber and Wilson (1995) もその説を明白にした。「100%モジュール説」とは，認知活動（頭脳の働き）を司るのはすべて（複数の）モジュール (modules) であるという説だ。つまり，総合的判断等々の「高級な」認知的働き，なかんずく語用論過程を司るのはモジュールであり，フォウダーの言う「中心的認知体系」の存在を否定する考えである。ほぼ同じ時期に，必ずしも関連性理

論唱道者ではない学者からも100%モジュール説が主張された。Cosmides and Tooby (1992), Pinker (1997), Barrette (2005), Barrette and Kurzban (2006), Carruthers (2006) などがある。Sperber (2001/2005) は関連性理論の立場からする100%モジュール説を詳しく説いたものである。

## 1.6. 語用論過程モジュール性

　関連性理論では，発話解釈能力を，モジュール（より正確には心の理論というモジュールの一部を成すサブ・モジュール）と捉えていることが分かったところで，これまで述べたことも含め，語用論過程のモジュール性について簡単なまとめを行ってみよう。

　まず「領域特定性」に触れよう。発話は (83) に示した「意図明示的刺戟」であり，(84) の関連性原理IIに言う「最適の関連性」を有しているとみなされる。語用論過程はそのようなきわめて特殊な刺激によってのみ発動される。つまり特定の領域にのみ奉仕しているのである。上述の言語天才クリストファーも，幾分自閉症的なところがあり，言語使用能力そのものは非常に高いにもかかわらず，ごっこ遊びができず，メタファー的表現の解釈に困難を感じたという。彼の場合，言語使用能力と発話解釈能力との間に乖離があったのである。自閉症者，ある種の認知症患者，またウィリアムズ症候群の人たちも，心の理論に欠陥があるため，発話解釈という領域に「弱い」のである。

　「義務的操作性」について言えば，語用論過程は (77) に示し，またそれに関して述べたとおり，自動的，非意識的，非思慮行使

的である。また，1.4.5 節で述べたとおり，亜人格的な操作・過程である。このように「当人の意思に関わりなく起こること」とは，「義務的操作性」の別名にほかならない。

「操作過程の迅速性」は (85) に示した発話解釈手順から説明される。「解釈のための推論を，接近可能な順序で，つまり，認知効果を計算する上の努力が最小になるような道で行い，予測された関連性のレベルに達したら解釈を打ちきる」というのは，最も効率的，つまり迅速な推論法である。

「情報遮蔽性」についてはどうか？ 語用論過程に関しては，視覚におけるミュラー・リアーの錯視のように明確な例は見当たらない。これまでに挙げられた例から二つほど紹介しよう。一つは「連想照応 (bridging reference)」に関するものである。連想照応とは，たとえば

(92) John has an old car.　*The brake* is a bit loose.
(ジョンの車は古い。ブレーキの利きがちょっと悪い)

の斜体部を「ジョンの車のブレーキ」と解することを言う。松井智子氏はロンドン大学に提出した博士論文 (*Bridging and Relevance*, 1995) の資料の一つとして英語国民を対象にアンケートを行った。たとえば，

(93) I prefer England to Italy.　I hate *the pasta* there.
(私はイタリアよりイギリスのほうがいい。あそこのパスタは大嫌いだ)

(94) She moved from California to Manchester.　She loves

*the warm winters.*

(彼女はカリフォルニアからマンチェスターへ引っ越した。寒くない冬が大好きなのである)

のような文を与えて、斜線部が (93) ではイギリス・イタリアどちらのパスタか、(94) ではカリフォルニア・マンチェスターどちらの冬を指すかを訊いたのである。結果は (93) では 100% の被験者がイタリアを選び、(94) では 80% がマンチェスター、20% がカリフォルニアを選んだ。つまり、(93) では「パスタはイタリアが本場だから、イタリアのパスタがまずいわけがない」という「常識」(他のシステムからの情報) を導入させた人はゼロ、(94) では「カリフォルニアの冬のほうが概してマンチェスターの冬より暖かい」という常識の「侵入」を許さなかった人が 8 割であったということになる。言い方を替えれば、(93) では 100%、(94) では 80% の人が関連性を求める意味解釈を選んだわけである。これは発話解釈過程がある程度の情報遮蔽性を持っていることを示す。

とはいえ、「100%モジュール説」を唱えただけでは、その説が正しいことの証明にはならない。たとえば、この説は、「心のモジュール論議」の惹起者であるフォウダーの次のような批判に応える必要がある。

(92) 100%モジュール説が誤っていることは、ほぼ間違いのないところだから、われわれはこの、これまでに接した、精神の認知性に関する、正しい可能性の最も低い理論が引き起こす悲惨・暗鬱な失当性と、間もなく顔を突き合

わせなければならない。

([S]ince massive modularity thesis pretty clearly *isn't* true, we're sooner or later going to have to face up to the dire inadequacies of the only remotely plausible theory of the cognitive mind that we've got so far.)

(Fodor (2001: 23))

この点については，3.4 節で扱うこととする。

# 第 2 章

## 言語行為理論・グライス理論・新グライス派

## 2.1. 最初の本格的語用論・言語行為理論

　序論で述べたとおり，最初の本格的語用論は，日常言語学派の中心的存在であったオックスフォード大学の哲学者オースティン (John Austin, 1911-1960) によって生み出された。この理論を**「言語行為理論 (Speech Act Theory)」**と呼ぶ（この理論の日本語名称はかつて「発話行為理論」だったが，本書では日本におけるこの理論の支持者の間で用いられる「言語行為理論」という名称を用いる）。

　それまでの哲学的言語研究では，対象となるのは「ものごとを叙述し，したがってその内容が真か偽かを問える文」に限られていた。「靴を磨け」のような命令文や，「講演は何時から始まりますか？」のような疑問文は，ものごとを叙述しているわけではなく，真か偽かという判断の対象とはならないので，これらの文型はそれまでの哲学では研究対象から外されていたと言って差し支えない。しかし，オースティンは，ことばの役割は，出来事や状態を叙述することだけにあるのではなく，「行為である」場合もあるということに注目した。命令文は相手に「命令・依頼をする」という行為であり，疑問文は相手に返事を求めるという行為である。平叙文も次のような例では行為を行っていると言える。

(1) a. I name this ship H.J.M.S. Yamato.
　　　　（本艦を戦艦大和と命名する）
　　b. I now pronounce you man and wife.
　　　　（ここにあなた方が夫婦であることを宣言します）
　　c. I promise I'll return this car by next Sunday.

(この車は次の日曜までにお返しすると約束します)

(1a) によってこの船の名称が正式に決まり，(1b) によってこの男女は正式の夫婦となり，(1c) によって約束が成立する。その意味で (1) の 3 文はいずれも「行為」を果たしていることになる。言語行為理論では，最初，(1) のような「行為を行う」文を「遂行文 (performative sentences)」と呼び，それに対して単に事実や状態を記述している文を「事実確認文 (constative sentences)」と呼んだ。後になると，「事実確認文」も記述・伝達という「行為」を行っているのだから，やはり遂行文に属するのだという考え方に変わってくる。第 1 章の (17)-(20) についてロスがこれらの文は同章の (17′)-(20′) という行為を遂行しているとしたのは，まさしくオースティンのアイディアを借りたものである。

この理論では，真理条件的意味論を否定しており，発話を行為と規定しているので，発話の命題内容が真か偽かということは問題にならず，その発話が適切か不適切かが発話評価の基準となる。すなわち，発話の「**適切性の条件 (felicity conditions)**」が求められるようになるのである。(1a) が適切であるためには，発話者がこの軍艦の進水式で命名者という資格を与えられている人でなければならず，この発話をするのは進水式の式次第の上で適切な段階でなければならず，(1b) が適切であるためには，発話者は聖職者・判事等で，この結婚式を執り行う資格を持った人でなくてはならない，発話の時期も式次第中の適切な段階でなければならない。(1c) については，発話者は車を借りているという「資

格」(妙な言い方だが) がなければおかしいし，聞き手は車の持ち主とか管理者とか，「車の返却に関して何らかの権限を持っている人」でなければこの発話は適切性を欠く。

オースティンは発話行為を (2) の3種の行為に分けた。[1]

(2) a. 発話行為 (locutionary act) [何らかの言語形式を何らかの意味で発話すること]

b. 発話内行為 (illocutionary act) [発話をすることにより何らかの行為——約束・宣言・要請・記述・警告・脅し・賭博等々——を行うこと]

c. 発話媒介行為 (perlocutionary act) [発話をすることにより相手に対して何らかの効果を起こすこと]

たとえば，

(3) I shall remember you in my will.
　　(遺言状に書いて君に遺産をやるよ)

という発話をした人は，(3) という**発話行為**を行い，それによって「約束」という**発話内行為**を行い，その結果相手を「安心させる」「喜ばせる」等の**発話媒介行為**をしたことになる。

---

[1] かつてはこの3行為は「発語行為・発語内行為・発語媒介行為」と訳されていた。これらをすべて「発話～」に替えたのは，『文科省　学術用語辞典　言語学編』に従うものである。ただし，文科省方式では Speech Act Theory を「発話行為理論」と呼んでいるため，speech act と locutionary act がどちらも「発話行為」になってしまう。

そこで，本書では旧来の用語と文科省方式のいわば折衷案を用いることとした。

発話内行為によって相手に与えられる効果を「**発話内効果 (illocutionary force)**」という。発話内効果には (3) の「約束」のほか，下の (4) の「要請」，(5) の「申し出」，(6) の「命名」，(7) の「警告」，(8) の「質問」のほか，勧誘，主張，催促，命令，感謝，感嘆などがある。

(4) Would you like to sign your name here, please?
(ここへ署名をお願いできますか？)

(5) Let me do the work for you.
(私が代わりにその仕事をしましょう)

(6) I name this ship H.J.M.S. Yamato. ( = (1a))
(本艦を戦艦大和と命名する)

(7) I warn you not to call my daughter again.
(私の娘に二度と電話しないよう警告する)

(8) Are you fond of pot stickers?
(餃子はお好きですか？)

この理論はやがてサール (John Searle, 1932-)，ヴァンダーヴェーケン (Daniel Vanderveken, 1949-) らに引き継がれる。[2] これに伴って，発話行為 (2a) は次の5種に分かれることとなった。

(9) ① 断定的 (representative)： 陳述，主張，結論，誇示等。

---

[2] これらの学者の主著には Searle (1969), Searle and Vanderveken (1985), Vanderdeken (1994) などがある。

② 行為指示的（directive）： 命令，忠告，依頼等。
③ 行為拘束的（commissive）： 約束，脅し等。
④ 表出的（expressive）： 謝辞，祝辞，好悪の表明等。
⑤ 宣言的（declaration）： 艦船の命名，裁判の判決，宣戦布告等。

この分類に重複はないか，逆にこれだけの種類で足りるのかということがまず問題である。「以上の考察からすれば，君は退職すべきだ」という発話は結論でもあり，忠告でもあり，あるいは脅しともとれる。つまり，「断定的」「行為指示的」「行為拘束的」の少なくとも3種にまたがっている。第1章の(36e)（下に(10)として再録）のようなメタファーや，同章の(40B)の下線部（下に(11)として再録）のようなアイロニーは①〜⑤のいずれかに収まり切るのか？

(10) あいつはお殿様だからな。
(11) 佐藤はイギリス事情に詳しいよ。

また，この理論では「すべての発話内効力を少数の基本要素（primitives）から回帰的（recursive）に定義すること」が目標として掲げられる（「回帰的定義（recursive definition）」については今井(1997: 33-34)に1例があるが，ここでは「無限のもの——発話や発語内効力は無限である——を定義する方法の一つ」であると理解すればよい）。そのために「発話内目的」・「達成の様式」・「命題内容条件」・「予備条件」・「誠実条件」・「強さの度合い」という6種の構成要素から究極的に「発話内行為」を生み出すという，きわめて複雑なだ

けでなく実行不可能とさえ言ってよい理論と化している。

　この理論はさらに「モデル理論的意味論」[3] と「モンタギュー文法」[4] を包摂することとなった。また，11 もの基本原理と「合致の方向 (direction of fit)」[5] を含む数々の概念を備えており，発話行為理論は一見すると「装備の整った優れた理論」の姿をしている。しかし，この理論には次で述べる重大な欠陥があると言わねばならない。

　どんなに豊富な装備・道具立てを用意して「発話の適切性」を整えようとしても，それだけでは発話の成功が保証されるわけではない。一般に，同じ条件が与えられても，人間がどのように反応するかは予知できないのだ。たとえば，A 氏が B 氏に侮辱的な発話をしたとする。このとき B 氏が①怒って A 氏に殴りかかるか，②同じように侮辱的なことばを A 氏に投げつけるか，③冷静なことばで A 氏の無礼をたしなめるか，④黙ってその場を立ち去るか，等々のことを正確に予測することは不可能である。

　それと同じことで，そこから予知を導けないようなものを原理・原則とし立てる発話行為理論の方法は，科学として誤った道だと言わねばならない。

　結局，関連性理論と違い，発話解釈をモジュールとみなさず，モジュールの解明を研究目標として設定しなかったことが言語行為理論の失敗の原因だったと言えるだろう。

---

[3] Cann (1993) を参照のこと。
[4] 第 1 章注 3 を参照のこと。
[5] 今井（監訳）(2014) を参照。

> ### コラム❺
>
> オースティンはオックスフォード大学の哲学科所属であったが,第2次世界大戦の期間は,あの007,つまりジェームズ・ボンドが属していたということになっているイギリスの諜報機関MI6（これは実在の機関）に勤務した。ただし,オースティンがボンドのような派手な活躍をしたというわけではなさそうだ（今井（監訳）(2014) 参照）。
>
> オースティンは短命（享年49歳）であったせいもあって,その著書の多くはAustin (1962) を含め歿後出版となっている。

## 2.2. グライス理論

オックスフォード大学の哲学者グライス(H. Paul Grice, 1913-1988) は,「発話の理解・解釈に当たっては"話し手の意味"(speaker meaning：話し手が伝達しようとしている意味内容) を,聞き手が推論 (inference) することが不可欠である」ことを主張した最初の学者であると言える。そして記号論理学[6] の ¬, ∧, ∨, →, ∀, ∃ と,それに対応する自然言語の not, and, or, if~then, all, some との意味上の"ずれ"を,「会話の含意 (conversational implicature)」という概念の導入によって説明しようとした点が注目された。

---

[6] 記号論理学の記号については,今井（監訳）（近刊）を参照のこと。

## コラム❻

グライスは，言語行為理論のオースティンよりいくぶん後輩にあたる。オースティンの主宰する土曜ごとの研究会にはグライスも出席していたが，この会を「監督者付き幼児お遊びグループ (playgroup)」と呼んでいたという（ただし，オースティンのいる場所では口にしなかったそうだ）。

グライスは，どういうわけか，業績を公刊することを嫌った。彼の重要な論文 'Meaning' は 1948 年に書かれていたのだが，これを学術誌に載せてほしいという弟子たちの必死の願いにもかかわらず，すぐには投稿しなかった。この論文が公刊されたのは 1957 年になってからである (Grice (1957))。これを含め，グライスの主要な論文は，ほとんど Grice (1989) に収められており，本章の引用文もこの書によるものである。

### 2.2.1. 協調の原理

グライス理論の根底には，(12) に示す「**協調の原理 (Cooperative Principle)**」がある。

(12) 会話における自分の貢献を，それが生ずる場面において，自分が参加している話のやり取りの中で合意されている目的や方向から要求されるものにせよ。

(Make your contribution such as it is required, at the stage at which it occurs, by the accepted purpose or direction of the talk exchange in which you are engaged.)

グライスによれば，会話というものは参加者の協調の上に成り立っているものであり，会話への参加者はこの原理を心得ている必要があり，かつ事実（会話への参加を放棄するのでない限り）遵守している，というのである。そして彼はこの原理を支えるものとして次の四つの「格率 (maxims)」を立てている。格率とは，「人間が自己自身に課す規則」であると考えてもらっていい。

(13) a. 量の格率 (maxim of quantity)：
　　 1. 自分の貢献を（その場のことばのやり取りの目的から）要求されている量きっかりの情報を与えるものにせよ (Make your contribution as is required (for the current purposes of exchange).)。
　　 2. 自分の貢献を要求以上の情報を与えるようなものにしてはならない (Do not make your contribution more informative than is required.)。
　 b. 質の格率 (maxim of quality)：
　　 上位の格率 (Supermaxim)：　自分の貢献を真であるものにすべく努めよ (Try to make your contribution one that is true.)。
　　 1. 真でないと自分が知っていることを言ってはならない (Do not say what you believe to be false.)。
　　 2. 十分な根拠を持たないことを言ってはならない (Do not say that for which you lack adequate evidence.)。

c.　関係の格率（maxim of relation）:
　　　　関連性のあることを言え（Be relevant.）。
　　d.　様態の格率（maxim of manner）:
　　　　上位の格率:
　　　　明快な言い方をせよ（Be perspicuous.）。
　　　1.　不明瞭な言い方を避けよ（Avoid obscurity of expression.）。
　　　2.　曖昧な言い方を避けよ（Avoid ambiguity.）。
　　　3.　簡潔な言い方をせよ（不必要な冗長性を避けよ）（Be brief (avoid unnecessary prolixity).）。
　　　4.　順序立った言い方をせよ（Be orderly.）。

さて，果たしてわれわれ人間はこれらの格率を遵守しているだろうか？ 第1章の(43)（下に(14)として再録）を思い出してほしい。

(14)　A:　今日の飲み会出るかい？
　　　B:　今日はサチ子と初のデートなんだよ。

B君は飲み会に出るとも出ないとも言っていない。つまり，量の格率(13a)の1.に言う「要求されている量きっかり」に満たない答えしか言っていない。一方，B君は欠席の理由（＝サチ子との初デート），つまり要求以上の情報を与えており，(13a) 2.に対する違反である。だからと言って(14)のB君の発話は，決して例外的ではなく，至極まともな発話である。(15)に挙げるいわゆる「文字どおりでない」意味を持つ文についても似たようなこと

が言える。

(15) a. あの男はタヌキだ。［メタファー］
b. 年金からは介護保険料等々が天引きされる。<u>有り難い話だ。</u>［アイロニー］
c. 1枚10万円？<u>悪くない原稿料だね。</u>［緩叙法］
d. あいつは<u>百万遍言って聞かせても</u>競輪をやめない。

［誇張法］

e. 花子の顔は<u>ひし形だ。</u>［メタファー］
f. 太郎の結婚相手はバツイチ<u>らし</u>いよ。

［確実な証拠のない言明］

人間がタヌキであることはありえないから，(15a)は質の格率(13b)の1.に違反する。(15b)の下線部のようなアイロニーも，(15c)の下線部のような緩叙法（わざと控えめの言い方をして意味を強めること）も，(15d)のような誇張法（この発話の話し手が実際に「あいつ」に忠告した回数は，せいぜい10回くらいだろう）も，(15e)のような一種のメタファー（人の顔は体積を持つが，ひし形は体積を持たない）も，(15f)のような証拠不十分な言明も，すべて質の格率1.ないし2.に対する違反である。

(13c)の「関係の格率」で言われているのは，「関連性のあることを言え（Be relevant.）」だけである。「関連性」の定義はおろか説明さえないので，これは格率として不十分だ。「様態の格率」にしても，これに従えば(14)のB君の発話は不明瞭・曖昧の代表になってしまう。「順序立った話し方」が，たとえばある出来事を報告する際にはその出来事が起こった順番に話せ，という趣旨

だったら、この格率は妙なものになる。出来事の結末から話し始めたほうが効果的な場合というのは往々にしてあるからだ。

グライスは、しかし、上のような「格率違反」を基礎にして、いろいろなタイプの発話を説明している。天才の偉いところだ、と言うべきだろうか？それを述べる前に、彼の理論のもう一つの特徴を見てみよう。「言われたこと (what is said)」と「含意されたこと (what is implicated)」との区別である。

「言われたこと」とは、発話に含まれる指示詞（人称代名詞や固有名詞など）について「指示対象付与 (reference assignment)」（誰・何を示すかを明らかにすること）を行い、多義語（二つ以上の意味を持つ語）に「一義化・あいまい性除去 (disambiguation)」（どの意味で使われているかを明らかにすること）を施した結果得られる表示である。たとえば、

(16)　Bob went to the bank.

では Bob が誰を指すのか、bank が「銀行」「土手」（それぞれを $bank_1$, $bank_2$ としよう）どちらの意味で使われているかが分からない。前者に指示対象付与を施して、町内の鮮魚店のおやじである Bob であることを定め（対象が定まったことを示すために $Bob_x$ と書こう）、後者に一義化を行って「銀行」であるとしよう。そうすると (17) が得られる。

(17)　$Bob_x$ went to the $bank_1$.

(17) が (16) によって「言われたこと」である。

「含意されたこと」は単に「含意 (implicature)」とも呼ばれ、

発話によって伝達されることのうち,「言われたこと」を除くすべてを指す.

含意はまず,「規約的含意 (conventional implicature)」と「非規約的含意 (non-conventional implicature)」に分けられる.規約的含意とは,「言語形式に符号化されている」含意を指す.たとえば,

(18) a.　It's midday.
　　 b.　The pubs are open.

の (a), (b) はそれぞれ「言われたこと」である.この二つを but, so, moreover という連結語でつなげた

(19)　It's midday, but the pubs are open.
(20)　It's midday, so the pubs are open.
(21)　It's midday. Moreover, the pubs are open.

は,これらの連結語のお蔭でそれぞれ

(19′)　(18a) と (18b) は対照をなす.
(20′)　(18a) は (18b) を説明する.
(21′)　(18b) は (18a) に付加されている.

という規約的含意を持つようになるが,(19), (20), (21) が持つ「言われたこと」はあくまで (18a) と (18b) を合わせたものに過ぎない(その限り (19)-(21) の三つは同文である),というのがグライスの考え方であった.

非規約的含意は,「会話の含意 (conversational implicature)」

とそれ以外の含意とに分かれる。それ以外の含意とは，下の(23)に見る，社会的道徳的含意(「礼儀正しくあれ」などに発する含意；これについてグライスは詳しく論じてはいない)を指す。会話の含意は，「一般的 (generalized) 会話の含意」と「特殊化された (particularized) 会話の含意」とに区分される。前者は「太郎は背筋をのばした」「花子は足を骨折した」から得られる「それは太郎自身の背筋である」「それは花子自身の足である」のように前後関係に依存しない含意を指す。これに対し，(19)-(21) からは，

(22) a. この辺では昼間から酒を飲む連中が多いのだな。
    b. ちょうどいいから，このパブのどれかで，フィッシュ＆チップスか何かで昼飯を済ませておこう。

といった，前後関係に強く依存する「特殊化された会話の含意」も得られる。これらを図示すれば (23) のようになる。

(23)

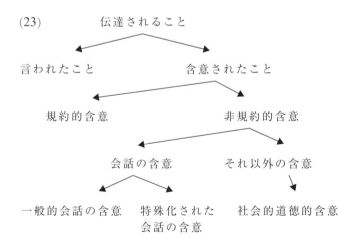

さてここで，上で"グライスが「格率違反」を基礎にして，いろいろなタイプの発話を説明している"と述べたことに触れよう。つまり，(15)に類する「文字どおりの意味を持たない」発話がグライスによってどのように扱われたかを見るのである。彼はこれらの「レトリック的用法」の発話は，話し手が協調の原理は遵守しつつも，四つの格率のいずれか，特に質の格率と関係の格率に，誰にもそれと分かるやり方で違反してみせた場合に生ずる，と考えた。無礼なことを言った相手に That's rather a nice thing to say.（嬉しいことを言ってくれるね）と不機嫌な表情で言った場合，聞き手は話し手が質の格率に意図的に違反したことを察して，文字どおりの解釈を捨て去り，That's a wicked thing to say.（ひどいことを言うね）という含意を受け取る，というのである。次の(24)はグライスの挙げている例の一つである。

(24) Peter: John doesn't seem to have a girlfriend these days.
（ジョンはこのごろガールフレンドがいないみたいだね）
Mary: He has been paying a lot of visits to New York lately.
（最近ジョンはしょっちゅうニューヨークに行ってるの。〈だからニューヨークにガールフレンドがいるらしいのよ〉）

メアリーのことばは，一見するとピーターの言ったこととは無関係の，つまり関係の格率に違反した発話に聞こえる。しかし，

ピーターが「メアリーはまだ協調の原理を放棄していないはずだ」と考える限り、メアリーが何か別のことを言おうとしているのだ、と考える。その結果、ピーターはメアリーが「ジョンはニューヨークに新しいガールフレンドがいるらしい」ということを示唆しているのだ、と結論する、というのがグライスの意見である。つまり、メアリーの「言っていること」は解釈から放棄される、というわけだ。次も見てほしい。

(25) Paul: Where does Bob live?
　　　　　（ボブはどこに住んでいるんだい？）
　　Lena: Somewhere in the south of France.
　　　　　（南フランスのどこからしいのよ）

リーナがマルセーユとかアヴィニヨンとか「簡潔な答え」ができればいいのだが、実のところリーナはボブの居場所を正確には知らないのだから、そのような答えをすれば質の格率違反になってしまう。そこでリーナは不明瞭な部分を含む非・簡潔な答えをしている。だが、それによってリーナは量の格率違反を犯してしまっている。「簡潔な答え」をしていないからである。つまり、リーナは量の格率違反をすることで質の格率違反を避けているわけだ。だが、ポールはリーナの協調の原理遵守を信じているので「ははあ、リーナはここまでしか知らないのだな」と納得するという次第である。

　また、快晴の中をピクニックに出かけたら、急に大雨になった、という状況の中である人が

(26) What a lovely day for a picnic!
　　　（何と素晴らしいピクニック日和でしょう！）

と言ったと想像しよう。(26) の内容が質の格率に反していることは明白である。そこで (26) の文字どおりの意味は捨て去られ，What a dreadful day for a picnic! という意味が生まれる，とされる。このようにあからさまに，つまり相手にすぐ分かる形で格率に違反することをグライスは格率に対する flouting（軽蔑・無視）と呼んでいるが，flouting によって (26) のようなアイロニー，また (15) に例を見るメタファー，誇張法，緩叙法が説明できる，とするのがグライスの考え方である。

## 2.3. グライス理論をどう評価するか

　2.2 節の冒頭で述べたようにグライスは「発話の理解・解釈に当たっては"話し手の意味"(speaker meaning)（話し手が伝達しようとしていること）の，聞き手による推論（inference）が不可欠である」という考えをはじめて表明した学者である。グライスのこの功績は，いかに賞賛しても賞賛し切れないほどである。しかし，今日的視点から見れば，グライス理論にもいくつかの不備があったことは否定できない。

　まず，直前に述べた flouting による説明について検討しよう。(26) と同じ状況で

(27) Did you remember to water the flowers?
　　　（花壇の花に水をやるのを忘れなかったろうね？）

と言えば立派なアイロニーだが，(27)はどの格率にも違反していない。こうした例に見るとおり，格率違反に準拠するグライスの説明法は，うまく働かない場合があるのである。

上記のグライスの見方に出てくる「文字どおりの意味を捨て去る」という見方も妥当とは言えない。これは会話の含意一般に共通する特徴ではないからだ。次を見てほしい。

(28) A: マゼラティは洒落た車です。どうです1台？
B: 私は高価な車は買わないんです。

B氏は「マゼラティを買うつもりはない」という含意だけでなく，「一般に高い車は買わない」という文字どおりの意味も伝達している。だから，B氏は「ではロールズ・ロイスはいかがです？」という追い打ちは掛けない。

会話の含意でありながら，文字どおりの意味が残る例は，グライス自身が挙げているものの中にたくさんある。下記のメアリーの発話については，すべて文字どおりの意味が残っている。

(29) Peter: I am out of petrol.
(ガソリンが切れちゃった)

Mary: There is a garage round the corner.
(すぐそこに修理工場があるわよ(イギリスでは修理工場でもガソリンを売る)。〈そこで入れれば問題ないわ〉)

(30) ( = (24))

Peter: John doesn't seem to have a girlfriend these

　　　　　days.

　　　　　（ジョンはこのごろガールフレンドがいないみたいだね）

　　Mary:　He has been paying a lot of visits to New York lately.

　　　　　（最近ジョンはしょっちゅうニューヨークに行ってるの。〈だからニューヨークにガールフレンドがいるらしいのよ〉）

(31)　（電話が鳴っている）

　　Peter:　Mary, will you get it?（メアリー，出てくれる？）

　　Mary:　I'm in the bathroom.

　　　　　（洗面所に入ってるのよ。〈だから電話に出られない〉）

(32)　John:　Is there anything I can do?

　　　　　（手伝うことあるかい？）

　　Mary:　The garbage isn't out yet.

　　　　　（生ゴミをまだ出してないのよ。〈生ゴミを捨ててきてくれる？〉）

〈　〉内に書いてあることは確かに含意である。しかし，その前に書いてある部分，つまり文字どおりの意味も決して消え去らずに残っていることは明らかだ。

　結局，グライスは，(28)-(32)のような発話に伴う会話の含意と，レトリック的発話を説明するために用いた会話の含意とを統一的に扱い損ねたわけである。グライスは「言われたこと（what is said）」を決定する際にも，彼の言う格率（ないしそれに相当する

語用論的操作）が必要であるにもかかわらず，そのことを認識していなかった。つまり，グライスにとって，協調の原則および格率の射程はもっぱら what is implicated，しかも，そのなかの conversational implicature の面だけであり，その点に大きな難点があった，と言えるのである。

換言すれば，グライス理論の「協調の原理」と「格率」はもっぱら彼の言う「含意 (implicature)」のためだけに存在していることが分かる。関連性理論では，あいまい性除去・飽和・アドホック概念構築・自由補強という四つの語用論過程が「明意」を決定するために大幅に使われる。ところが，グライス理論では「三郎は若すぎる」を「三郎はまだ選挙に出るには若すぎる」と解釈し，「この塩焼き生だぜ」を「この塩焼き生焼けだ」と解釈し，You are not going to die. を You arenot going to die from that cut. と解釈するための手立てがないのだ。試しにグライスの格率がこの働きをするかどうかチェックしてみるといいかもしれない。グライスには明意の解釈に当たって語用論的操作が必要であることの認識がなかったと言うほかない。

そもそも，グライス理論の根幹をなす諸格率に問題点があるのだ。まず「質の格率」から取り上げよう。(13b) を下に繰り返す。

(13) b. 質の格率： 上位の格率 (Supermaxim)：自分の貢献を真であるものにすべく努めよ (Try to make your contribution one that is true.)。
  1. 真でないと自分が知っていることを言ってはならない (Do not say what you believe to be

false.)。

2. 十分な根拠を持たないことを言ってはならない (Do not say that for which you lack adequate evidence.)。

すでに (15) の例を用いて、発話の中には (13b) の 1, 2 に違反する「まっとうな」発話がいかにたくさんあるかを示した。また「量の格率」((13a)：下に再録) にも問題点がある。

(13) a. 量の格率：
1. 自分の貢献を（その場のことばのやり取りの目的から）要求されている量きっかりの情報を与えるものにせよ (Make your contribution as is required (for the current purposes of exchange).)。
2. 自分の貢献を要求以上の情報を与えるようなものにしてはならない (Do not make your contribution more informative than is required.)

つまり、(14)（下に再録）の B を例として示したとおり、「まともな」発話の中には (13a) の 1., 2. 双方に違反している例が数限りなく存在するのである。

(14) A: 今日の飲み会出るかい？
B: 今日はサチ子と初のデートなんだよ。

また、(29)-(32) のメアリーの発言は、〈　〉に示した含意に先立

ち,その含意が成り立つ理由・原因を述べているのだから,いずれも量の格率違反ということになってしまう。

「様態の格率」((13d):下に再録)にも問題点がある。

(13) d.　様態の格率:

　　　　上位の格率:

　　　　明快な言い方をせよ (Be perspicuous.)。

　　1.　不明瞭な言い方を避けよ (Avoid obscurity of expression)。

　　2.　曖昧な言い方を避けよ (Avoid ambiguity.)。

　　3.　簡潔な言い方をせよ(不必要な冗長性を避けよ)(Be brief (avoid unnecessary prolixity).)。

　　4.　順序立った言い方をせよ (Be orderly.)。

下に再録する (25) のリーナの発話が良い例だ。

(25) Paul:　Where does Bob live?

　　　　　　(ボブはどこに住んでいるんだい?)

　　 Lena:　Somewhere in the south of France.

　　　　　　(フランス南部のどこからしいのよ)

リーナの発話は,(13d) の 1., 2., 3. いずれにも違反している。「フランス南部のどこからしい」というのは不明瞭で,曖昧で,非簡潔である。「マルセイユよ」「ニースよ」「カンヌよ」と都市名を出し,さらに細かい住所まで言うなら,明瞭で確定的で相対的に簡潔である。けれども,リーナはボブの居所について明確な知識は持っていないのかもしれないし,明確に知ってはいるのだが,

何かの理由で相手に詳しいことは告げたくないのかもしれない。それがリーナの答え方の原因なのであって，それを違反としてしまう格率は格率としての資格を持たない。ここでわれわれは第1章で見た「最適の関連性の当然視 (presumption of optimal relevance)」(同章 (83)：下に (33) として再録) を思い出すべきである。

(33) a. 意図明示的刺激は，受け手がそれをプロセス (処理・解釈) する努力を払うに値するだけの関連性を持っている。(The ostensive stimulus is relevant enough for it to be worth the addressee's effort to process it.)
b. 意図明示的刺激は，送り手の能力と選択が許す範囲内で最も高い関連性を持つ。(The ostensive stimulus is the most relevant one compatible with the communicator's abilities and preferences.)

(Sperber and Wilson (1995: 270))

リーナの発言は，能力が許す範囲内 (＝ボブの居場所を詳しくは知らない)，あるいは選択 (＝ボブの居場所を相手に詳しくは教えないでおくという選択) の範囲内で最も高い関連性を持つものであるため，受け手 (＝ポール) はこの発話を亜人格的にプロセスすることになるのである。グライス理論が言うように，(13d) の 1., 2., 3. を flout するがゆえに含意を持つのではない。(13d) の 4. については，すでに述べたとおり，「出来事の結末から話しはじめたほうが効果的な場合というのは往々にしてある」のであって，不適切な格率である。

残るのは (13e) の「関係の格率」だが，これもすでに述べたとおり"関連性"の定義はおろか説明さえないので，格率として不十分だ。ところが，一種皮肉なことに，関連性理論は「関連性とは何か」を明確にし，関連性の存在が発話解釈の前提・誘因となることを見事に立証して見せたことは，第1章で述べたとおりである。

グライス理論の不備を少し異なる角度から眺めてみよう。関連性理論は，1.4, 1.5 節に述べたとおり，語用論過程をモジュールと見ている。つまり，あいまい性除去・飽和・アドホック概念構築・自由補強，および暗意の獲得は，自動性，無意識性，非思慮行使性，迅速性等を備えた過程と考えているわけだ。これに対して，グライス理論の協調の原理とおよび諸格率は，人間の明白な意識のもとに会話参加者が遵守するものとされており，ピクニック最中の大雨の中で What a lovely day for a picnic! と発話することは，格率（この場合は質の格率）から離脱 (opt out) することだと考えられている。意識的に遵守したり，意図的に離脱したりすることができるものは，つまり非自動的で思慮行使的，意識的なものはモジュールではない。発話解釈をする過程が本当にモジュールでないのなら問題は別だ。しかし，正しいのは，関連性理論が指摘しているとおり，語用論過程を個人の意識に支配されない「モジュール」であるとする見方であることは疑いない。研究対象を正しく把握していない理論は，当然のことながら，不備を免れない。明意の解釈を導く語用論過程を発案・提示できなかったグライス理論の不備はこの点に発しているわけなのである。

## 2.4. 新グライス派

この派（Neo-Gricean pragmatics）の代表として，ホーン（Laurence Horn）とレヴィンスン（Stephen Levinson）を取り上げたい。単純な言い方をすると，新グライス派はグライスを受け継ぎ，それを発展させようとしている学派なのだが，「受け継ぎ方」の程度，逆に言えば「グライス離れ」の程度は両者で異なる。ただし，両者に共通しているのは，グライスの格率（maxims）を，より少ない数の原理（principles）に再編成している点である。

### 2.4.1. ホーン

ホーンは，1972年にUCLA（カリフォルニア大学ロサンゼルス校）で博士号を取得している。形式意味論研究者バーバラ・ホール・パーティー（Barbara Hall Partee）が指導者，論文題目は'On the semantic properties of logical operators in English'（英語における論理演算子の意味特性について）だった。

ホーンの理論は，Horn (1984) に見るとおり，「**Q原理** (Q(uantity) Principle)」と「**R原理** (R(elation) Principle)」という二つの原理に立脚している。これらの原理は (34) に示す内容を持つ。

(34) **Q原理**：「あなたの貢献を十分なものにせよ；できるだけ多くを語れ（ただしR原理を前提として）(Make your contribution sufficient; Say as much as you can

(given the R-principle).)」

**R 原理**：「あなたの貢献を必要なものにせよ；言い過ぎてはいけない（ただし Q 原理を前提として）(Make your contribution necessary; Say no more than you must (given the Q-principle).)」

Q 原理はグライスの量の格率 (13a) の 1.（自分の貢献を（その場のことばのやり取りの目的から）要求されている量きっかりの情報を与えるものにせよ）と様態の格率 (13d) の 1. と 2.（1. 不明瞭な言い方を避けよ，2. 曖昧な言い方を避けよ）を一体化したものと言える。一方，R 原理は，グライスの量の格率の後半（要求を超える貢献をするな），関係の格率（関連性のあることを言え），様態の格率（不明瞭・曖昧な言い方を避け，簡潔で順序立だった言い方をせよ）を包摂したものと言える。

### コラム❼

筆者は B. H. パーティーに一度だけ会った（と言うより，顔を見た）ことがある。1966 年に UCLA を訪ねた時だった。MIT での博士論文を，ごく短い論考だったにもかかわらず（数学的言語学に関するものだったから短かったのはむしろ当然だったろうが），チョムスキーがきわめて高く評価した大秀才との噂があった。だがこの時は前年に UCLA の准教授に任命されたばかりで独身（だから姓名も Barbara Hall で Partee の名はなかった）の 26 歳。当時 32 歳だった筆者の目にも，ほんの若い，その

辺でアイスクリーム売りをしていてもおかしくない，失礼ながら平凡な小娘としか見えず，とても大秀才とは思えなかった。「数学的言語学」という科目を担当していたので，筆者も一，二度聴講し，試験も受けた。数学に弱い筆者は，予想どおり良い成績はもらえなかったが。

　ホーンは今や一学派の指導的立場におり，写真で見ると立派な髭を生やし，幾分後退した額を持つ。そのホーンが，この「小娘」に指導を受けたような錯覚に陥ってしまう（この間に流れた年月を，我が頭脳はどうも受け入れられないらしい）。

## 2.4.1.1. 尺度含意（scalar implicature）

　ホーン（そしてレヴィンスンも含む新グライス派の人々）は，「尺度含意」というものを非常に重要視する。尺度含意の典型的な例を次に挙げよう。(35)–(37) の (a) は，それぞれ (b) を含意するというのである。

(35) a. Jim has got some of Sperber's papers.
　　　　（ジムはスペルベルの論文を何点か持っている）
　　b. Jim hasn't got all of Sperber's papers.
　　　　（ジムはスペルベルの論文をすべて持っているわけではない）

(36) a. Bob sometimes drinks dry martini.
　　　　（ボブは時々ドライ・マーティーニを飲む）
　　b. Bob does not always drink dry martini.
　　　　（ボブはいつでもドライ・マーティーニを飲むわけではない）

(37) a. Allen won't necessarily get the job.
   (アランは必ずしもその職に就けるとは限らない)
   b. Allen will possibly get the job.
   (アランがその職に就ける可能性はゼロではない)

ホーンは尺度含意はQ尺度（Q-scale）（「ホーン尺度（Horn-scale）」とも呼ばれる）により生ずるとする。Q尺度には次のようなものがあることになる。

(38) <some, many, most, all>
   <sometimes, often, usually, always>
   <possibly, probably, necessarily>

(35)に関して言えば，someはallよりも弱い意味を持つので，(35a)，つまり「ジムはスペルベルの論文を何点か持っている」を発話するということは，(35b)，つまり「ジムはスペルベルの論文のすべてを持っているわけではない」を含意する，というのが尺度含意という考え方であるのである。同じようにsometimesはalwaysより意味が弱いので，(36a)，つまり，「ボブは時々ドライ・マーティーニを飲む」を発話することは(36b)，つまり，「ボブは毎回ドライ・マーティーニを飲むわけではない」を含意することになり，(37a)，つまり「アランは必ずしもその職に就けるわけではない」を発話することは，(37b)，つまり「アランがその職に就ける可能性はゼロではない」ことを含意する，という次第である。これはグライスの「話し手が量の格率を完全には満たさない発話をしていても，話し手が協調の原理に従っていることが疑

いなければ，話し手は量の格率を下回る含意を伝えている」という見方を引き継ぐものだが，ホーンをはじめとする新グライス派の人々は，次の (39)，(40) の発話 (a) はそれぞれ (b) を含意すると主張している。

(39) 　　(Bill: Jane is good-looking and good-hearted.
　　　　　　　（ジェインは容姿もいいし，心も優しい））
　a. Hank: (Bill に答えて) She's good-looking.
　　　　　（ジェインは容姿はいい）
　b. Hank doesn't think Jane is good-hearted.
　　（ハンクはジェインが心優しいとは思っていない）

(40) a. There will be five of us for dinner tonight.
　　　（今晩の夕食にはわれわれ 5 人が出席だ）
　b. There won't be more than five of us for dinner tonight.
　　　（今晩の夕食にはわれわれ 5 人を超える人数は出席しない）

この主張自身は多くの場合正しいが，これを Q 尺度から説明しようとすると，Q 尺度の中には次が含まれるということになる。

(41) 　<good-looking, good-hearted>
　　　<one, two, three, four, five ...>

これは「尺度」という語からして不自然であるし，そもそも Q 尺度なるものが，常に会話者の認知環境に準備されていると考えるのは誠に疑わしい。そうした尺度が，もし解釈に使われるとしても，それは解釈の都度現れるものではないのか？ 関連性理論の

解釈に依れば (35)-(37), (39)-(40) の (b) は含意（暗意）ではなく自由補強によって得られる明意である。関連性理論の解釈の優位性を次に記そう。

(35) を例にとろう。関連性理論に従えば、聞き手は関連性に照らして、ジムがスペルベルの論文を「何点か持っているが全部は持っていない」「何点か持っているのは確かで、もしかすると全部持っているのかもしれない」「何点か持っており、全部持っているかどうかは言及の範囲内にはない」という異なる解釈のいずれかを直接受ける可能性を持つことが説明可能である。それに対して新グライス派に従えば（グライス理論でもそうだが）、まず「何点か持っているのは確かで、もしかすると全部持っているのかもしれない」という解釈を得、そのあとQ尺度によって「何点か持っているが全部は持っていない」に移動することがあり、「何点か持っており、全部持っているかどうかは言及の範囲内にはない」という解釈を受け取ることはない。つまり、新グライス派は事実のすべてを提示することができないのである。

関連性理論的方式には、さらに重要な優越性がある。(35)-(37), (39)-(40) の (b) を生み出す自由補強は、次の (42a)-(44a) から (42b)-(44b) という表出命題（そして明意）を生み出す。新グライス派にはこれは不可能だ。このことから、関連性理論は新グライス理論よりも、簡潔で、それゆえその点に関してすぐれた理論であることの証拠とみなせるのである。

(42) a.　Los Angeles is some distance from New York.
　　　　（ロサンジェルスはニューヨークから少し距離がある）

b. Los Angeles is quite far from New York.
   (ロサンジェルスはニューヨークからかなり遠い)

(43) a. Jane is too young.
   (ジェインは若すぎる)

b. Jane is too young to get married.
   (ジェインは結婚するには若すぎる)

(44) a. You're not going to die.
   (君は死なない)

b. You're not going to die from that cut.
   (君はそんな傷で死ぬわけがないよ)

### 2.4.1.2. ホーン理論のその他の問題点

ホーンは、新グライス派と関連性理論の違いについて、Horn (2005) の中で次のように述べている。

(45) グライスの研究目的と関連性理論の研究目的は異なる。前者が話し手の意味するところ（含意はその一部である）を解明しようとしておるのに対し、後者は発話解釈の認知心理学的モデルを構築することを目的としている。関連性理論は、あることを伝えようとしている話し手が、どのような方法で、そしてどういう理由でその発話を行うか、という問題に取り組もうとはしていない。
(Grice's goal of developing an account of speaker meaning (of which implicature constitutes a proper

subpart[6]) is distinct from Relevance Theorists' goal of developing a cognitive psychological model of utterance interpretation, which does not address the question of how and why the speaker, given what she wants to convey, utters what she utters.) (p. 194)

これに対して関連性理論のカーストン (Carston (2005)) は次のように反論している．

(46) 関連性理論は，話し手の意味するところが何であり，またそれが聞き手によってどのような方法で受け取られるかについて十分の研究を行っている．
(RT is very much concerned with speaker meaning, both what it is and how an addressee attempts to recover it.) (p. 303)

筆者としては，p. 83 の第 8-18 行に述べたことを理由に，ホーン発言に対し，次のような批判を加える．

(47) 「話し手が，どのような方法で，そしてどのような理由でその発話を行うか」を予知するのは不可能であり，それを行おうとする試みは科学ではない．グライスがそのような試みを企てていたという証拠はどこにあるのか？

---

[6] subpart (部分) と言えば，日常言語では「全体より少ない構成部分」を意味するが，論理学的用語では，全体もそれ自身の subpart であり，全体より少ない subpart を指す場合は proper subpart と言う．

また，カーストンは，ホーンの研究目的はグライスのそれとも，関連性理論のそれとも異なるとして，次のように述べている。

(48) ホーンの研究の焦点は，かなり規則的に生ずる2種の会話の含意があるという考えにほぼ限られていると言ってよい。すなわち話し手の努力を最小限にとどめるR原理から生ずる含意と，聞き手の努力を最小限にするQ原理から生ずる含意である。(中略) 彼の体系は，関連性理論のように発話処理の説明を目的としてもいないし，グライスのように哲学的分析への関心も持っていない。
(His focus is almost entirely on the idea that there are two kinds of fairly regularly occurring conversational implicature, one kind resulting from his R-Principle, which minimizes speaker's effort, the other from his Q-Principle, which minimizes hearer's effort [...] While his system is not intended to provide an account of utterance processing like RT, nor does it have Grice's philosophical analytical concerns [...])  (p. 306)

さて，次の (49) の { } 内は，関連性理論によれば語用論的過程 ((a) と (b) では自由補強，(c) ではアドホック概念構築) によって補われた要素であり，この3文は明意でありうる。

(49) a. I haven't eaten {supper}{tonight}.
   (私は{今夜の}{夜食を}まだ食べていません)
  b. She handed him the key and {then} he opened the

door {with that key}.

(彼女は彼に鍵を手渡し，{その後} 彼は {その鍵を使って} ドアを開けました)

c. Everybody {in our pragmatics class} passed the exam.

({うちの語用論クラスの} 全員が試験に合格した)

ところが，ホーンに従えば，(49) の各文には明意 (explicature) という用語を用いるのは不適切だというのである。なぜならば，「(語用論的過程によって) 強化された命題は明示的に伝達されていない (the strengthened proposition is not explicitly communicated (Horn (2005: 193)))」からだ，というのだ。これに対してカーストンは次のように反駁している。

(50) でも，伝達されている (話し手によって意味されている) のは間違いないし，暗意されているわけでもない。そして伝達内容を持つレベルは他にないのだから，ホーン ... にとっては，明示的に伝達されるものは何もないことになってしまう。

(Well, it is communicated (speaker-meant) and it is not implicated, and, since there is no other level of communicated content, it must follow that, for Horn […], there is nothing that is explicitly communicated.)

(Carston (2005: 311))

さて，ホーンは勤務先であるエール大学の自分のウェブ・サイト

に次のように記している。

(51) 私の主要な研究プログラムは，古典的論理学，語彙意味論，そして新グライス派語用論の和集合[7]（積集合[8]ではないにしても）である。

(My primary research program lies in the union (if not

---

[7] 集合$A$と集合$B$について，$A, B$いずれかの集合の少なくとも一方に含まれる元$x$の全体を$A \cup B$で表し，$A, B$の**和集合**と呼ぶ。
言い方を換えれば，$A, B$の和集合とは，
$A \cup B := \{x \mid x \in A \text{ or } x \in B\}$
（∈は「〜という集合に含まれる」を意味する。$x \in A$は「$x$は集合$A$に含まれる」の意味である）
として定義される集合を指す。
下の図で二つの円をそれぞれ集合$A$，集合$B$とすると，黒塗り部分が$A$と$B$の和集合である。

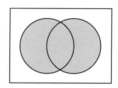

[8] 集合$A, B$の積集合（「共通部分」とも言う）とは，$A, B$双方に含まれる元の集合であり，$A \cap B$と記される。つまり
$A \cap B := \{x \mid x \in A \text{ and } x \in B\}$
が$A$と$B$の積集合の定義である。
下の図で二つの円をそれぞれ集合$A$，集合$B$とすると，黒塗り部分が$A$と$B$の積集合である。

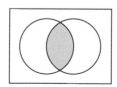

the intersection) of classical logic, lexical semantics, and neo-Gricean pragmatic theory.)

(http://ling.yale.edu/people/laurence-r-horn)

また，同じサイトでホーンは，

(52) 私は自然言語における否定と，その他の演算子との関係について，特に強い関心を持ってきた。
(I have been particularly concerned with the exploration of natural language negation and its relation to other operators.)

とも言っている。

次の文を見てほしい。

(53) Some children admire Ultraman.
(子供たちの中にはウルトラマンを賛美する者がいる)

この文が，

(54) Every child admires Ultraman.
(子供たちは1人の例外もなくウルトラマンを賛美している)

と矛盾しない一方で，

(55) Some, but not all, children admire Ultraman.
(子供の中にはウルトラマンを賛美する者もいるが，全員ではない)

という解釈も，語用論的過程により生み出しうることをわれわれはすでに知っているが，ホーンによれば，19世紀のミル（John Stuart Mill, 1806-1873）や，ド・モーガン（Augustus de Morgan, 1806-1871）[9] も，(53) から (55) が論理的に帰結されると考えるのは間違っていると主張していたことを指摘している（今井（監訳）(2014) 参照）。これはホーンの「古典的論理学」に関する知識の一端である。

(53) から (55) が導かれるとすれば，関連性理論では言語形式から表出命題が生み出される過程だが，グライスは含意（implicature）の導出だと考え，ホーンもまたこの考えを踏襲している。

なお，ホーンは，some から not all が引き出されるような含意はほかにも例が数多くあると主張し，これを彼の Q 尺度（＝ホーン尺度）に基づいて示している。一つの Q 尺度とは，同一の意味領域をカバーする言語項目の集合の元を意味的な強さに基づいて並べたものである。

ホーンは，**語用論的分業**（division of pragmatic labour）という用語を新造した。語用論的分業とは，比較的無標な（un-

---

[9] ミルは中・高の教科書などでは経済学者の面のみが強調されがちだが，同時に哲学者であり，自由主義思想家でもあった。ド・モーガンは，数学者・論理学者であり，「ド・モルガンの法則」で知られる。この法則は，
(i) a. $\neg (p \lor q) \equiv \neg p \land \neg q$
b. $\neg (p \land q) \equiv \neg p \lor \neg q$
で表される。(ia) は「["p か q である" が成り立たない] ということは [p でなく，かつ q でもない] ことと同値である」を意味し，(ib) は「["p かつ q" が成り立たない] ということは [p でないか，q でないか，のいずれかである] と同値である」を意味する。

marked) 表現は,典型的な意味や状況を表していると多くの場合理解され,他方,比較的有標な (marked) 表現は,例外的で通常とは異なる状況を表していると,これまた多くの場合理解されるというもの観察を示したものである。この考え方は,第3章で扱う認知言語学の遠い祖先である「生成意味論」[10] の主導者の1人であったマコーリー (James D. McCawley, 1939-1999) にさかのぼる (たとえば McCawley (1978))。例を挙げると,(56), (57) の (b) は (a) よりも有標的な,つまり「変わった」言い方で表現されている。

(56) a. John stopped the machine.
 (ジョンは機械を止めた)
  b. John got the machine to stop.
 (ジョンは機械を止めさせた)
(57) a. This is pink. (これはピンクだ)
  b. This is pale red. (これは淡い赤だ)

(56b) では,簡潔な stop ではなく got to stop が用いられている。これは,たとえばコンセントを抜いたり,機械をわざと故障させたりするような,,通常とは言えないようなやり方で,ジョンが機械を止めたことを示している。(57b) でも同様に,pale red という言い方は,その色が pink という語で語彙化される色とは違うことを示している。ホーンは,(56b), (57b) のように有標な形式の例はステレオタイプ的でない意味を持つが,これはQ原理

---

[10] 今井 (2001b) 参照。

に従うものであり、他方、(56a), (57a) のように無標な例は、R 原理によってステレオタイプ的な解釈がもたらされると主張する。

---

**コラム❽**

マコーリーは極めて優れた学者であるだけでなく、カリスマ性に富み、多くの弟子に愛された。早世したのは誠に残念である。

食道楽で最初の勤務校ミシガン大学の所在地 Ann Arbor には碌なレストランがないという理由でシカゴ大学に移ったという。もっとも食べるだけでなく料理も得意で、我が家に数週間泊めた時は、お礼にと言うことで中華料理を作ってくれた。わざわざ横浜まで買いに行ってくれた材料を基に、本格的に腕を揮ってくれた姿は今も目に残っている。アメリカ人のために *The Eater's Guide to Chinese Characters*, 1984, University of Chicago Press という本を書いたほどである。音楽にも造詣が深く、筆者がシカゴの彼のうちに泊めてもらったときは、ハープシコード（言語学者 Arnold Zwicky の手製と聞いた）でラヴェルの曲を弾いてくれた。

---

## 2.4.2. レヴィンスン

レヴィンスン（Stephen Levinson）はケンブリッジ大学で考古学と社会人類学の論文により BA、カリフォルニア大学バークレイ校で言語人類学論文により PhD を取得した。現在はオランダのマックス・プランク心理言語学研究所の理事を務める。

レヴィンスンは，Q 原理（Q(uantity) Principle），I 原理（I(nformative) Principle），M 原理（M(anner) Principle）という三つの原理を立てている。これらの原理は，それぞれ (58)，(59)，(60) として定義される。[11]

(58) Q 原理

<u>話し手にとっての格率</u>：　世界に関する自分の知識が可能にしている情報よりも弱い陳述を行ってはならない。ただし，それ以上に強い情報が I 原理に抵触するのであれば，そうした情報を陳述してはならない。

(Do not provide a statement that is informationally weaker than your knowledge of the world allows, unless providing an informationally stronger statement would contravene the I-principle.)

<u>受け手にとっての系</u>[12]：話し手は話し手自身の知識と矛盾しない範囲内で最も強い陳述を行ったと考えてよい。

(Take it that the speaker made the strongest statement consistent with what he knows.)

(59) I 原理

<u>話し手にとっての格率</u>：　最小化の格率。「必要最小限の情報だけ話せ」；つまり，自分の伝達上の目的を達成する範囲内で最小限の言語的情報を（Q 原理を念頭から

---

[11] Levinson (2000) より。(58), (59) は同書での 3 原理の詳細な検討の出発点として挙げられたものである。より詳しくは同書第 2 章を参照のこと。

[12]「系 (corollary)」とは，「当然得られる結論」のような意味であると解してよい。

離さずに）伝えなさい。

(The Maxim of Minimalization. "Say as little as necessary"; that is, produce the minimal linguistic information sufficient to achieve your communicational ends (bearing Q in mind).)

<u>受け手にとっての系</u>：　補強規則。話し手の発話の情報内容を，最も・特・定・的・な解釈を見つけ出すことにより，話し手がM意図[13] しているとあなたが判断するポイントまで拡大しなさい。ただし，話し手が最小化の格率を破り有標的，つまり冗長な表現を使った場合を除く。

(The Enrichment Rule. Amplify the informational content of the speaker's utterance, by finding the most *specific* interpretation, up to what you judge to be the speaker's m-intended point, unless the speaker has

---

[13] グライスの用語。話し手の意味（speaker meaning）に関するグライス（Grice）の研究において，M意図（M-intention）とは，発話によって何かを意味する話し手の意図のことである。

グライスによる話し手の意味の定義は以下のとおりである。

話し手$S$が，$x$という発話で$r$（受け手の反応）を意図するとき，話し手は以下のことを意図して$x$を発話している。
  (i) 受け手$A$にある反応$r$を生じさせること。
  (ii) $S$が$A$に$r$を生じさせようと意図していることを$A$に認識させること。
  (iii) $S$が (ii) の実現を踏まえて (i) の実現を意図していると，$A$に認識させること。

グライスはこの定義を分かりやすくするために「$S$は，$A$に$r$を生じさせようというM意図を持って$x$を発話している」と簡略化して述べた（今井（監訳）(2014) より）。

broken the maxim of Minimization by using a marked or prolix expression.)

(60) M原理

<u>話し手にとっての格率</u>： 有標的な表現，すなわちあなたが通常の，ステレオタイプ的状況を記述するときに用いる表現とは対照をなすような表現を用いるのは，通常でない，非ステレオタイプ的状況を示すときに用いなさい。

(Indicate an abnormal, nonstereotypical situation by using marked expressions that contrast with those you would use to describe the corresponding normal, stereotypical situation.)

<u>受け手にとっての系</u>： 通常でない言い方をされるものは，通常でない状況を示す。言い方を換えれば，有標的なメッセージは有標的な状況を示す。

(What is said in an abnormal way indicates an abnormal situation, or marked messages indicate marked situations.)

レヴィンスンのQ原理は，「ホーンのQ原理から様態に関する部分を除去したもの」と言えるし，I原理はホーンのR原理にほぼ相当する。そして，M原理はグライスの様態の格率（=(13d)）のうち，上位の格率である「明快な言い方をせよ（Be perspicuous.）」，および第1項目の「不明瞭な言い方を避けよ（Avoid obscurity of expression.），第2項目の「曖昧な言い方を避けよ

(Avoid ambiguity.)」,第 3 項目の「簡潔な言い方をせよ(不必要な冗長性を避けよ)(Be brief (avoid unnecessary prolixity.))を合わせたものに相当する。別の言い方をすれば,レヴィンソンの M 原理と Q 原理を合わせるとホーンの Q 原理に相当することになる。なお,(60)の「話し手にとっての格率」は多少分かりにくい言い方になっている。より平易な言い方に直せば,(61)のようになろう。

(61) M 原理
話し手にとっての格率: 理由なしに,通常でない言い方をするな。
(Do not say things in an abnormal way without reason.)

レヴィンソンの原理の特徴は,それが話し手と受け手に対する指示という形をとっている点にある。それと表裏一体をなしているのは,彼の 3 原理が「発見模索法 (heuristic)」として働いているという事実である。Q, I, M 原理は,それぞれ Q 発見模索法,I 発見模索法,M 模索法として働いており,(62)-(64) として表すことができる。

(62) Q 発見模索法:
事実であるとして言明されていないことは,事実ではない。
(What isn't said to be the case is not the case.)

(63) I 発見模索法：

通常の（無標的な）言い方で言われたことは，ステレオタイプ的状況を表示している。

(What is said in a simple (unmarked) way represents a stereotypical situation.)

(64) M 発見模索法：

通常でない（有標的な）言い方で言われたことは，通常でない状況を表示する。

(What is said in an abnormal (marked) way represents an abnormal situation.)

Q 発見模索法は，(65) の (a) から (b) を推測させる。

(65) a. Some of the students passed the exam.

(学生たちの一部は試験に合格した)

b. Some **but not all** the students passed the exam.

(学生たちの一部は試験に合格したが，全員合格ではなかった)

some は all と矛盾するわけではないが，(a) で all と言明されていない以上，Q 発見模索法に従えば，All the students passed the exam. は事実に反することになり，(b) が成立することになる。

I 発見模索法は，(66) の (a) から (b) を推測させる。

(66) a. Mary gave Bill the key and he opened the door.

(メアリーはビルに鍵を渡し，彼はドアを開けた)

b. Mary gave Bill the key and **then** he=**Bill** opened the door.

(メアリーはビルに鍵を渡し,その後,彼,つまりビルはドアを開けた)

つまり,(a) の and 先行する文で表されたことよりも,and に後続する文で表されていることのほうが時間的に後で起こったこと,および後者の he は Bill を指すという解釈が生じるというのである。

そして,M発見模索法は (67) の (a) から (b) を推測させる。

(67) a. The outlaw caused the sheriff to die.

(ならず者はシェリフを死なせた)

b. The outlaw killed the sheriff by some unusual means, e.g., by spiking his gun, or half cutting his stirrup-leather.

(ならず者はシェリフを,普通でない方法,たとえば銃の火口をふさいだり,鐙革(あぶみかわ)に切れ目を入れる[14]などして,死なせた)

つまり,(a) で kill という通常な用語でなく,cause to die を使ったということは,発話の対象である状況が「普通でないことを示す」というのである。これはホーンの (56b), (57b) の場合に相当する。

---

[14] 鐙革が切れれば乗り手は鐙による支えを急に失うので,落馬の可能性がある。落馬の仕方,場所などによっては乗り手が死亡する可能性を持つ。

発見模索法は，あくまでも「模索法」であり，(65)-(67) の (b) という解釈がどんな場合にも成立するとレヴィンスンが言っているわけではない。たとえば，

(68) Some of us are against the plan. In fact all of us are.
(われわれの中にはその計画に反対のものがいます。実を言えば全員が反対なのです)

の第 1 文には Q 発見模索法は働かない。第 2 文が明らかに not all を否定しているからである。同様に，(69) には I 発見模索法は適用されない。

(69) John got a PhD and he only did a month's research!
(ジョンは PhD を授与された。1 か月しか研究しなかったのにね！)

(69) のそれのような and の使い方は「通常な」用法ではないからだ，ということになろう。

(69) は (69′) のようにパラフレーズできる。

(69′) Jonn got a PhD, even though he only did a month's research!

M 発見模索法について言えば，これは (70) の第 1 文には働かない。

(70) John's residence is in Mayfair. In fact it's a rabbit-hutch.

　　　　（ジョンの御屋敷はメイフェアにあるよ。でも実はウサギ小屋
　　　　さ）

house に比べると，residence は有標的な（＝通常でない）言い方
だ。だから，もし M 発見模索法が働けば，residence は「広くて
立派な住宅，お屋敷」と解釈されるだろう。だが，話し手はジョ
ンの家がたまたまメイフェアという昔からの高級住宅地にあるの
で，半ば冗談にこの語を使ったのであって，すぐあとで「実はウ
サギ小屋さ」，つまり「狭くて質素な家」である旨を付け加えてい
るので，M 発見模索法は働かない。（東京の高級住宅地とされる田園
調布にも，少数ながら質素な家はある。）

　レヴィンスンとしては，三つの発見模索法が「それを妨げる事
情のない限り働く」，つまりそれが「普通の解釈のあり方」だと主
張したいのであろう。これは後述する認知言語学の「プロトタイ
プ理論」を思い起こさせる。認知言語学では，単語の意味は，少
し大ざっぱな言い方だが，そのカテゴリーの中の最も典型的なメ
ンバー，ないしそれが持つ特徴である，とされる。たとえば，「サ
カナ」という単語を聞いた日本人は，タイ，ヒラメ，マグロを思
い浮かべるのが普通だろう。タツノオトシゴとか，シイラとか，
ハリセンボンなどを思い浮かべる人は例外的なのかもしれない。
その意味では，これらが典型的サカナであると言えなくもない。
だが，たとえば深海魚の研究家であれば，リュウグウノツカイな
どという「珍しい」魚を連想するかもしれないし，筆者のような
サカナに関するまったくの素人でも，幼い子供に「タツノオトシ
ゴって本当はサカナなんだよ」と教えてやるときは，まさにタツ

ノオトシゴは筆者の「サカナ」の概念の中心にある。つまり，典型的／非典型的の区別は，基準とするのに適切な区別ではない。それと同じように，some を含んだ文を not all に矛盾しないように解釈する場合と，some but not all と解する場合とで，コンテクストはどのように違うのか (Q 発見模索法の場合)，and を and then と解する場合と，even though とパラフレーズするのが適切である場合の差はどうか (I 発見模索法の場合)，また residence を「お屋敷・大邸宅」と解する場合と house と同義に解する場合はどのように異なるか (M 発見模索法の場合) は明確に規定できず，一般性を欠く。

　関連性理論でも，「発展」によってこのような解釈の違いが説明される。しかし，それは「期待される関連性を満足する解釈であるか否か」という，きわめて一般性の高い条件に立脚している。

　これに関係するもう一つのレヴィンスン理論の問題点 (それはホーンの理論にも共通する) は，「一般的会話の含意 (generalized conversational implicature; GCI) という独立したレヴェルの存在を認めていることである。言うまでもなく，GCI という用語は，「特殊化された会話の含意 (particularized conversational implicature; PCI) と共にグライス理論から受け継いだもので，新グライス派では (71) のように定義され，(72) に Levinson (2000) 記載の具体例を見る。

(71) 　GCI: 　言語形式と発見模索法により決まる含意で，特定のコンテクストの影響を受けない。
　　　PCI: 　特定のコンテクストを原因として生まれる含意。

(72) A: Did the children's summer camp go well?

(子供たちの夏季キャンプ,成功だった？)

B: Some of them got stomach 'flu.

(何人かの子が胃腸性流感に罹っちゃったのよ)

GCI: 子供たち全員が胃腸性流感に罹ったわけではない。

PCI: 夏季キャンプは,私たちが期待していたほど成功ではなかった。

GCI は,レヴィンスンによればディフォルト (default) 的に受け取られる意味,つまり presumptive な (＝否定的証拠のない限り正しいと推定される) 解釈なのである。Levinson (2000) の題名は,まさにこのことを表している。

レヴィンスンは,彼の言う GCI に独立の資格を持つレヴェルとしての地位を与えているが,これは不可解である。GCI は,上で認知言語学のプロトタイプ理論に譬えたとおり,いわば「頼りない」性格しか持たないものであり,これに理論上の重要性を与えることは,それ自体不可思議であり,「修正版オッカムの剃刀 (Modified Occam's Razor)」[15] にも抵触する。さらに,レヴィンスンは,これは新グライス派の人々が等しくグライス理論から引

---

[15] 14 世紀の哲学者「オッカムのウィリアム (William of Occam)」に発する「オッカムの剃刀」は理論構築上の方針で,概略「競合する仮説の中では,前提の数の少ないものを選択すべきである」,「ある事柄を説明するためには,必要以上に多くを仮定するべきでない」という趣旨を持つ。「修正版オッカムの剃刀」はグライスに依る原理で,「必要以上に意味 (表示) を増やしてはならない」と言う趣旨を持つ。

き継いだものだが,「"言われたこと"が決定された後に,はじめて GCI と PCI が生ずる」という考えを持っている。これに反して関連性理論では,第1章で見たとおり,GCI と PCI の区別を認めず,発話の言語形式から表出命題(さらに明意)および暗意が導出される過程は「相互並行調節 (mutual parallel adjustment)」のもとで生じると主張しているのであった。レヴィンソンの主張する presumptive meaning が実際に発話解釈において何らかの働きをしているかについては,それに疑問を抱かせる結果が,最近盛んになった「実験語用論」からもたらされている。[16] レヴィンソンの語用論理論についてはカーストンが Carston (2004a, b) において批判的検討を行っている。

　レヴィンソンはまた「ポライトネス (politeness)」理論でもよく知られている。'politeness' という語は,ことばに関することに限っても (つまり,他人のためにドアを抑えてやったり,人前でおくびを我慢することなどを除いても) いろいろな意味に解されるし,日本語の「丁寧さ」と必ずしも同一ではないので,日本語の術語としては「ポライトネス」という片仮名で表現する。Brown and Levinson (1987) で展開されている「言語使用におけるポライトネス」とは,「フェイス (face) を保つ必要性によって支配されているもの」である。フェイスとは究極的に中国語の「面子」を取り入れたものであり,ブラウンとレヴィンソンによれば,フェイスはネガティヴとポジティヴな側面に分けられ,前者,つまりネガティヴ・フェイスは,自分の目的追及を阻害されまいとする欲

---

[16] Bott and Noveck (2004), Breheny et al. (2006) など。

求に関係し，後者，つまりポジティヴ・フェイスは相手や第三者に好印象を与えたいという欲求に関係している。フェイスを脅かす行為は「フェイス威嚇行為（Face Threatening Acts; FTAs）」と呼ばれる。苦情を言ったり，要求を行うことは相手に対するフェイス威嚇行為であり，礼を述べたり，罪を告白することは話し手自身へのフェイス威嚇行為となる。そして，ポライトネスとは，誰かに対するフェイス威嚇行為を避けようとする試みであると，ブラウンとレヴィンスンは捉えている。

　ポライトネス理論は，語用論者中のある人々にかなりの影響を与えている。しかし，ポライトネスとは，語用論，ないし言語研究が主として関わる事柄であろうか？　すでに述べたようにポライトネスは他人のためにドアを抑えてやったり，人前でおくびをこらえる等々，さまざまな行為に分け持たれていることで，そのうち発話行為に関係することが，語用論過程というモジュールに属するというということは考えにくい。そもそもポライトネスというものは，伝達されるものであるということが甚だ疑わしい。これについて今井 (2000) は次のように述べている。

(73) Brown and Levinson (1987) などに代表される考え方に従うと，丁寧表現が使われるたびにそこには丁寧さが伝達されることになるが，これはおかしい。Jary (1998) その他の人々も指摘する通り，対話者はほとんどの場合お互いが使っている丁寧表現を意識しないからだ。次の対話を本誌編集者と筆者の間で交わされたものだと考えてほしい。

編「... といったことについてお書き戴けないかと思ってお電話差し上げたのですが」
今「成る程。面白いテーマですね。お引き受けしましょう」

どちらにも丁寧表現が使われているが，筆者には特に相手に丁寧さを伝達するつもりはなかったし，相手も同じだったはずだ。だが，もし編集者に「畏れ多いことながら玉稿を賜りたく，伏してお願い奉ります」と言われたらば，筆者は一体この人はどうしちゃったんだろうと訝(いぶか)ったに違いないし，筆者が「ふむ。面白え(しれ)。書いてやらあ」と応じたなら相手は当惑と不快を覚えた筈だ。丁寧表現は，それが過剰だったり過小だったときに初めて相手に意識されるのである。なぜか？

人は誰しも自分自身を含めた世界に関するさまざまな想定（≒考え）を持っている。その想定の中でその人がある時点で思い浮かべられるものをその人のその時点での認知環境と呼ぼう。認知環境の中には当然，対話の相手と自分との間にある力関係，距離その他に関する想定が含まれる。さらに，多くの場合は相手がこちらをどのように位置づけているかについての想定も含まれている。(中略)すでに認知環境の中に存在している想定は（中略）関連性を持たない。(中略)自分が相手の頭の中でどう位置づけられているかに関する想定に矛盾しない話し方を相手がしている限り，相手の話し方や話の内容の丁寧度・エチケット遵守度は，関連性がないため，意識され

> ない。ところがこの想定に矛盾する話し方——馬鹿丁寧だったり乱暴な言葉遣いだったり——をされれば，それは認知環境を変化させることだから，関連性を持ち，したがって聞き手の注意を惹くことになる。このように，相手の想定に矛盾する話し方を話し手が意識的に行ったときのみ，丁寧さ（の過剰・過小）は真の意味で伝達されるのだ。(pp. 35-36)

ブラウンとレヴィンスンが行っているように，ことばに関するポライトネスを語用論の中で扱おうとする試みには，いささかならず不適切であると考えられるのである。

# 第 3 章

## 認知言語学

## 3.1. 言語の"独自性"の否定

認知言語学 (cognitive linguistics)[1] の"おおもと"を辿ると，第 2 章で触れたマコーリーや，ポウスタル (Paul Postal, 1936-)，レイコフ (George Lakoff, 1941-) たちがチョムスキーの生成文法 (generative grammar)[2] に叛旗を翻して打ち立てた「生成意味論」(generative semantics) に行き着く。生成意味論とは，簡単に言えば，生成文法の基底にある言語機能・言語能力のモジュール観に異を唱え，言語の記述は意味構造から出発すべきであるとする理論である。

生成意味論そのものは，比較的早く力を失ってしまったが，レイコフは Lakoff (1987) や Lakoff and Johnson (1980) などにより，認知言語学の端緒を開き，またラニカー (Ronald Langacker, 1942-) は Langacker (1987, 1991, 2008) 等によってこの理論の厳密な体系化を行った。また，フォコニエ (Gilles Fauconnier, 1944-) のメンタル・スペース理論も認知言語学に属する。

「認知言語学は語用論である」と考えるのは，むろん，正確ではない。認知言語学は特に生成文法を否定し，それに代わるものを打ち立てようとしている言語理論 (つまり言語全体に関する理論) で

---

[1] 本書では「認知言語学」「認知文法 (cognitive grammar)」「認知意味論 (cognitive semantics)」をほぼ同義として用いる。
[2] この理論については，チョムスキー自身の書いたものも含み，参考文献は無数にある。今井 (1986: II, III) に詳しい説明があるが，比較的新しいものとして田子内 (2009)，外池 (2009) がある。

ある。そしてそれは，意味を言語理論の中心に据え，統語論の自律性だけでなく，言語研究の自律性も認めない。もちろん関連性理論の言うところの「語用論過程モジュール説」などを受け入れるはずのない理論である。これからいくぶん詳しく見ていくとおり，本書が支持する立場からすれば奇妙な理論ではあるのだが，認知言語学を奉ずる人の数も決して少なくなく，本書としても，無視することのできない存在である。

ラニカーによれば，

(1) 「認知文法（別名「スペース文法」）と呼ばれるこの理論が前提としているのは，言語というものは自律的な存在ではなく，認知的な過程に本質的に依拠することなく記述できるものではない，とする考え方である（中略）文法構造というものは自律的な形式体系を構成するものではない（中略）辞書，形態論，そして統語論は体系的単位が一体化した連続体なのであって，それらが分離した複数の「構成要素」をなすと見なすのは，恣意的な見方である。

(Called "cognitive grammar" (alias "space grammar"), this method assumes that language is neither self-contained nor describable without essential reference to cognitive processing [...] Grammatical structures do not constitute an autonomous formal system [...] Lexicon, morphology, and syntax form a continuum symbolic units, divided only arbitrarily into separate 'components'.)

(Langacker (1986: 1))

ここには生成文法の主張とは明確に相反するものがある。チョムスキーはさまざまな箇所で，人間が生得的に持つ**言語機能**（language faculty:「普遍文法 (universal grammar)」「言語獲得装置 (language acquisition device) (LAD とも呼ばれる) というモジュール，言語機能に基づいて得られる個別言語に関する**言語能力** (linguistic competence) の存在とその働きを説いている。比較的分かりやすい解説をしている Chomsky (1975) から，まず引用しよう。

(2) O (有機体: organism) の例として人間を，D (領域: domain) の例として言語を取り上げよう。そうすると，LT (Learning Theory) (H, D) ——言語という領域における，人間にとっての学習理論——は，人間が言語的経験を与えられたとき，換言すれば言語のデータを発展させるための予備的分析を与えられたときに，人間が言語知識（＝個別言語に関する言語能力）を獲得するための原則の体系ということになる。

([T]ake O to be humans and D language. Then LT (H, L)—the learning theory for humans in the domain language—will be the system of principles by which humans arrive at knowledge of language given linguistic experience, that is, given a preliminary analysis that they develop for the data of language.) (p. 14)

また，Stemmer (1999) においてチョムスキーは，ステマーの質問に対して Gallistel (1977) を引用しつつ，次のように答えている。

(3) 頭脳のアーキテクチャー（構成様式・機能）はモジュール性を持っている。そのモジュール性はランディ・ガリストル (C. Randy Gallistel, 1941-)[3] が最近「現代の脳科学では基準的である」と言っているタイプのモジュール性である。ガリストルのことばを借りると，どの動物においても，学習は，特定化された「学習メカニズム」「学習本能」に基づいて特定的に行われる。「学習メカニズム」「学習本能」とは，基本的に，「頭脳中にある器官であるところの神経回路であって，その構造のお陰で動物は単一の種類の計算を行うことができる」のである。（中略）人間の言語獲得は，特定的な「言語器官」に基礎を置くものであり，この意味で本能的である。（中略）言語習得装置の存在には議論の余地があるとか，反証されたとする説がある。[しかしそのような考え方に立つと] 領

---

[3] Gallistel (1977, 1990, 2000, 2009) を参照。Chomsky (2000) には His (=Gallistel's) more general view is that in all animals, learning is based on specialized mechanisms, "instincts to learn" in specific ways. These "learning mechanisms" can be regarded as "organs within the brain [that] are neural circuits whose structure enables them to perform one particular kind of computation," as they do more or less reflexively apart from "extremely hostile environments." Human language acquisition is instinctive in this sense, based on a specialized "language organ." This "modular view of learning" Gallistel takes to be be "the norm these days in neuroscience." という。(3) にほぼ等しい記述がある。

域特定的な「言語モジュール」が存在しないと主張することにほかならず，そうすると，私の孫娘のペットである猫（そのほかチンパンジーでも何でもいいのだが）が，孫娘と基本的に同じ経験を与えられながら，孫娘と違って，個別言語を獲得しないという事実が全くのミステリーにとどまってしまう。

([T]he architecture of the mind is modular in the sense that Randy Gallistel recently described as "the norm these days in neuroscience." In Gallistel's words, in all animals learning is based on specialized "learning mechanisms," "instincts to learn" in specific ways, these being essentially "organs within the brain [that] are neural circuits whose structure enables them to perform one particular kind of computation," [...] human language acquisition is instinctive in this sense, based on a specialized "language organ." [...] The existence of such LAD is sometimes regarded as controversial, or even as having been disproven [...] [T]hese conclusions amount to saying that there is no dedicated "language module," in which case it remains a mystery why my granddaughter's pet kitten (or chimpanzee, or whatever) doesn't acquire particular language just as she does, given essentially the same experience.) (pp. 394-395)

Fauconnier (2000) からの次の引用も，認知言語学の，チョムスキーの考えに反する「言語の非自律論」を表明したものである。

(4) どの言語学者も，言語の研究というものが悪魔的に困難なものである，という点については考えが一致している。ところが，次の点になると，言語学者の考えは必ずしも一致しない：言語を研究するにはどうすればいいか？；人間が発話をするということはどうして可能なのか？；言語研究が困難な原因は何か？；そもそもなにゆえに言語を研究せねばならないのか？ 言語は何のためにあるのか？ 言語学は何のためにあるのか？ この30年間に主流であった見解[4] によれば（ただし30年前以前にはそうした考えはなかった），次のような答えが出されている。

言語学者の仕事は何かと言えば，ネイティヴスピーカーから文法性（grammaticality）に関する判断を蒐集[5]し，個別言語や言語一般の形式的構造に仮説の樹立とその当否判断を同時に行うのである。人間がどのようにして言語を使えるかという問いには，人間は生物学的に生得的な言語特有の普遍原理（universals）を備えており，そうした普遍原理は具体的実例に遭遇しても，最小の微調整しか必要としない，という答えが出される。言語がなぜ

---

[4] 生成文法的言語観・言語学観を指す。
[5] 「蒐集する（collect）」ということばは生成文法の方法論を定義づけるのにふさわしい用語とは言えない。そもそもチョムスキーは「蒐集」に類することをまったく行っていないからである。

難しいかという問いに対しては，子供にとっては生得的な普遍性がすでに設置されているので，易しいのだが，言語学者にとっては，深層にある原理が特異性の森の中に隠されてしまっているため，難しいのである，というのが答えとなる。それなら言語学をわざわざ研究する理由は？，という問いに対しては，上記の「深層にある原理」を発見することが可能になるからだ，という答えが用意される。

言語は何のためにあるのか？これまで人気のあった理論に従えば，この設問は科学にとっての優先事項ではない。言語の機能とか，言語による伝達とか，意味一般については，科学が終わってから考えればいいことだ，というのがこの理論の主張である。では，言語学の目的は何だということになるのだろう？まあ，言語学をやれば，構造自体のための構造が見つかるという，プラトン哲学的報酬が得られる，ということなのだろう。それに生物学的成果もある，と考えられている。普遍性は脳の中にあるのだから，それは遺伝子の中にもあるはずだ；言語学は理論的生物学なのだ；そして，人間の肉体が持つ実装についての面については，遺伝学者と神経科学者が充填を行ってくれる，という次第である。この奇妙で単純な所説には，それ自身の方法論と一般化がある。この理論にとって適切な方法論は言語学をどのように研究するか"[6] であって，それは文法性判断を蒐集すること

---

[6] チョムスキー的言語学観については，すでに 1980 年代から，次に示す

等から成る。一般化として通用しているのは，より範囲の広い現象および／または諸言語に適応可能な形式的原理なのである。

この，極端に自律的な言語観とは対照的に，認知言語学は昔ながらの伝統を復活させた。この伝統に従えば，言語は意味を編み出し，それを伝達する役割を担っており，言語学者と認知科学者にとって，言語とは精神・頭脳の中を知るための覗き窓の役を果たしているのである。

(Linguists agree on one thing—that language is diabolically hard to study. They do not always agree, however, on the how's, the why's, and the what for's: how one should go about studying it and how speakers manage to do what they do; why it is so hard an why exactly we bother to study it; what language is for, and

---

Moore and Carling (1982) からの引用に代表される批判が起こっていた。

チョムスキーの興味の対象は，説明のための諸理論によって説明される可能性のある諸問題以上に，そうした諸理論の特性にあったのである。(中略) 説明的理論の形式に対するチョムスキーの過度のこだわりは，研究対象である言語にとって適切な理論を構築するのでなく，研究対象を理論に適合すように捻じ曲げてしまう方向に彼を向かわせてしまったのである。

([Chomsky] was more interested in the characteristics of explanatory theories than in the problems which these might explain [...] Chomsky's preoccupation with the form of explanatory theories led him to accept to mould subject matters to theory rather than a theory appropriate to his subject matter.)　　　　　　　　　　　(p. 51)

これについては今井 (1985) 参照。

what linguistics is for. A mainstream view that has been popular in the last thirty years (but not necessarily before that) offers the following answers.

How linguists do it: they collect grammaticality judgments from natives and concurrently build and check hypotheses about the formal structure of particular languages and languages in general. How humans do it: they come equipped biologically with innate language-specific universals, that require only minimal fine-tuning when exposed to a particular specimen.

Why it's hard: easy for the child who has the innate universals already set up, hard for the linguist lost in a forest of idiosyncrasies that hide the deeper principles. Why bother? So that we can discover such principles. What is language for?: The story here is that this question is not a priority for the scientist. We can worry later about function, communication, and meaning generally. And what is linguistics for? Well there is the Platonic reward of discovering structure for the sake of structure itself. And then there is biology: Since the universals are in the brain, they must also be in the genes; linguistics is theoretical biology; geneticists and neuroscientist will fill in the messy details of its implementation in our bodies.

This strange and simple story contains its own methods

and generelizations. The appropriate methods are in the 'how to do it'—collecting grammaticality judgments and so on. What counts as generalizations are the formal principles that apply to wider ranges of phenomena and/or languages.

In contrast to this sharply autonomous view of language structure, cognitive linguistics has resurrected an older tradition. In that tradition, language is in the service of constructing and communicating meaning, and it is for the linguist and cognitive scientist window into the mind.) (pp. 1-2)

## コラム❾

レイコフはユダヤ系である。あるユダヤ料理が「おふくろの味」で,懐かしい限りなのだが,自分にも,またユダヤ系でない夫人のロビン（後に離婚）にも作れない。ある時お母さんを家に呼んで実演をしてもらった。ところがお母さんはイディッシュなまりの英語で "Zo much Mehl (flour), und zo much Salz (salt), und zo much Zucker (sugar) ..." と zo much (so much; これくらいの) を連発するばかりで,何オンスとか何パイントとか言ってくれない。結局このときは作り方が分からずじまいだった。仕方なく次回はあらかじめ材料の量や重量を計っておき,「材料がどれだけ減ったか」を調べることで材料の量・重さを知り,無事このユダヤ料理が作れるようになったという。

### 3.1.1. 「言語自律論」をどうして否定できるのか？

こうした「言語非自律論」を唱える認知言語学者は，次のような事実をどのように捉えているのだろうか？ 読者は「サヴァン」と呼ばれる人々の存在を御存じであろう。他の面で平均以下の知能しかないのに，ある一つのことに関しては「天才の断面」を持つ人々である。「天才の断面」が言語であることで有名なのが1962 年生まれのイギリス人クリストファーである。[7] 彼は衣服の着脱もままならないし，1 人で外出すると必ず道に迷ってしまうので，幼時から養護施設に住んでいる。普通の 5 歳児なら必ず答えられる問題を，何度やっても例外なく間違える。ところが彼は20 にも及ぶ外国語を話し，聞き，読み，書くことができる。これは言語機能・言語能力・言語使用能力が独立したモジュールを成している重要な証拠ではないか。

「特異性言語障害（specific language impairment）」という症候がある。あるイギリスの家系の人の中には，

(5) *I watch television yesterday.
　　　(< I watched television yesterday.)
(6) *John is play tennis. / *John playing tennis.
　　　(< John is playing tennis.)

のような誤り（'*' は非文法性の印；カッコ内が正しい文）を始終犯す人たちがいる。つまり，過去形や進行形を正しく使えないのだ。この人々には精神発達遅滞もなければ，言語発達を妨げる難聴と

---

[7] Smith and Tsimpli (1995) 参照。

か脳性麻痺があるわけでもない。そこで特異性言語障害という名がある。また，一定の家系に典型的に現れるので「家族性言語障害 (familial language disorder)」という呼び方もある。この人たちに，教師が (5) の watch を watched に直してやると，次からこの動詞の過去形だけは使えるようになるが，他の動詞については，過去や過去分詞を使うべきところに現在形と使ってしまう。(7) がその例である。

(7) Yesterday I *wake* (<woke) up, *get* (<got) *dress* (<dressed) and watched television.

家族性言語障害の人々はクリストファーとは逆に，他の障害はないのに，言語力に大きな瑕疵があるわけで，ここにも言語 (少なくとも言語使用能力) の自律性の証拠がある。

ウィリアムズ症候群 (Wllliams syndrome) という症状がある。この障害を持つ人は，靴の紐がうまく結べなかったり，お金の勘定ができず，空間的思考に弱くて，たとえば自転車の部品の絵を組み合わせて自転車全体の絵にまとめたり，小さな円を配列して三角形を作り上げるテストに合格できない。しかし，言語使用能力は，クリストファーの「天才の断片」ほどではないが，高く，たとえば動物の名前を挙げるように指示されると犬，猫のようにありふれたものだけでなく，ユニコーン，プロントザウルス，ヤク，トド，ハゲタカなどの名を次々に出してくる。文法のほうもしっかりしていて，誤文訂正すら行える。ウィリアムズ症候群を持つ少女が脳のスキャニングを受ける様子を描写した次の発話を見てほしい。何の異常も認められまい。

(8) 磁気を帯びた巨大な機械があるのです。脳の中の写真を撮りました。話をするのは構わないのですが，頭を動かしてはいけないのです。頭を動かすと全部駄目になって初めからやり直さなければならなくなるからです。全部終わるとコンピュータで脳を見せてくれます。脳がどのくらい大きいかをその人たちが調べるんです。その部屋の反対側にある機械はコンピュータから写真を撮ります。すぐに撮れるんです。うーん。本当に面白かった。
(There was a huge magnetic machine. It took a picture inside the brain. You could talk but not move your head because that would ruin the whole thing and they would have to start all over again. After it's all done they show you your brain on a computer and they see how large it is. And the machine on the other side of the room takes pictures from the computer. They can take pictures instantly. Oh, and it was very exciting.)[8]

カクテルパーティー症候群（cocktail party syndrome）という障害がある。この症状を持つ人は，衣服の着脱が意のままにならず，ものを選り分けられず，金銭の計算が駄目で，自分の年さえ分からないことがある。要するに知能が著しく低いのだが，極めて流暢にしゃべるのが特徴である。ただし，この人たちの発話は，その場の状況に無関係であったり，話し手自身が意味の分

---

[8] 原文は Smith（2002）より。同書の今井（訳）（2003）参照。

かっていない単語が含まれていたり，ことばに対する無意味な拘泥が見られたり，多弁・冗舌の度が激しすぎる。(9)は大学教授を父に，教師を母に生まれたローラという女性の発話である（この女性は10代のころ，「あたし去年16だったわ。それで今年は19歳なの」と言い張った）。

(9) お父さんがちょっと馬鹿なことしたのよ。で，お母さんは，メモを3枚持ってたの。一つはこれから話すとっても良い友達（の）パンツ屋だった。で，ちょっと難しかったわ。それで警察がお母さんを（そこ）から引きずり出して，本当のことを言ったのよ。だからあたし言ったの。"その中に友達が二人いるのよ！"って。警察はお母さんを引きずった（ので私は言った）。彼は私たちが生きている間は絶対彼らを思い出せないって。それでお終い。お母さんはすごく怒ってた。
(It was kind of stupid for dad, an' my mom got um three notes, one was a pants store, (of) this really good friend, an' it was kind of hard. An' the police pulled my mother out of (there) an' told the truth. I said, "I got two friends in there!" The police pulled my mother (and so I said) he would never remember them as long as we live! An' that was it! My mother was so mad!)[9]

---

[9] 原文は Smith (2002) より。同書の今井（訳）(2003) 参照。

ローラは相手に何かを伝達するために発話を行っているとは考えられない。実際，彼女は相手に質問されると，無関係で不適切な答えをする。カクテルパーティー症候群の人々に見られるこの特徴は，認知言語学がその先祖である生成意味論から受け継いだ「意味が統語論を決定する」という考え（後述）への反証となっていることに，認知言語学者はどうして気付かないのだろう？ローラの発話 (9) は意味をなさない。すなわち，ローラには他人に意味を伝達しようとする意図はないと言える。にもかかわらず，ローラの発話は言語形式から成っている。言い換えれば，それは単語と統語論によって作られているのである。

特異性言語障害の人や，カクテルパーティー症候群の人たちの発話は，明らかに言語形式から成っている。こうした言語形式が認知言語学の言うように意味から発生するのだとすれば，その「意味」とはどういうものなのか，認知言語学者から是非返事を聞きたいところである。

## 3.2. 言語研究は認知全般との関連において行わなければならぬ

この節の表題は，「言語の非自律性」と並んで，認知言語学のもう一つの根本的主張である。ラニカーは言う。

(10) 言語は人間の認知の不可欠な一部なのである。したがって，言語構造の説明は認知過程一般について知られていることと統合化されねばならない。

(Language is an integral part of human cognition. An

account of linguistic structure should therefore articulate with what is known about cognitive processing in general.)                    (Langacker (1987: 12))

また，(4) として引用したフォコニエのことばには次の言明が続いている。

(11) われわれの思考の深遠な特徴，認知的過程，そして社会的伝達は，そうした諸過程の言語的発露に引き入れられ，対応させられ，関連付けられなければならない。(中略) 言語というものは，認知という巨大な氷山の一角に過ぎず，われわれ人間が言語活動を行う際は，それが日常的な表現であれ芸術的な創作であれ，われわれは無意識のうちに莫大な認知的資料を利用し，無数のモデルやフレームを呼び起こし，多彩な連結を打ち立て，多大な種類の情報を組み合わせ，創造的な写像，転移，合成を行うのである。

(Deep features of our thinking, cognitive processes, and social communication need to be brought in, correlated, and associated with their linguistic manifestations [...] Language is only the tip of a spectacular cognitive iceberg, and when we engage in any language activity, be it mundane or artistically creative, we draw unconsciously on vast cognitive resources, call up innumerable models and frames, set up multiple connections, coordinate large arrays of information, and engage in creative mappings, transfers, and elaborations.) (p. 2)

このような言語観・認知観を持つと，一つの言語活動について，それを「他の無限の認知活動」に結びつけるという，実現不可能な作業を行わなければならない。フォコニエは自分のこの文章が何を物語っているのかを，どうして理解できないのだろうか。

フォコニエに触れる以上，彼の創始による「メンタル・スペース（mental space）理論」について一言しておく必要があろう。まず，次の文を見てほしい。

(12) In the painting, the girl with brown eyes has green eyes.
（その絵では，茶色の目をした少女は緑色の目をしている）

という文は一見矛盾しているが，「茶色の目の少女」は「現実スペース（reality space）」にあり，「緑色の目の少女」は絵画というスペースにあると考えれば矛盾は消滅する。フォコニエはメンタル・スペースを次のように説明している。

(13) ここで私はメンタル・スペースという概念を導入する。メンタル・スペースとは言語構造とは一線を画する構成物であるが，言語表現によって与えられるガイドラインに従ってどのような談話の中でも構成される。

(I introduce the notion of mental spaces, constructs distinct from linguistic structures but built up in any discourse according to guide-lines provided by the linguistic expressions.　　　　　　(Fauconnier (1994²: 16))

そして新しいスペースを構成する言語的表現を「スペース構成要素 (space-builders)」と呼んでいる。(12) では in the painting という前置詞句がスペース構成要素である。believe とか dream など，生成意味論派の人々が「世界創造述語 (world-creating predicates)」と呼んだ述語もスペース構成要素となる。(14) は McCawley (1981) から引用した例である。

(14) I dreamed that I was Brigitte Bardot[10] and that I kissed me.

（私はブリジット・バルドーになった夢を見，その夢で私は私にキスした）

If で始まる節もスペース構成要素となる。次を比較してほしい。

(15) If I were you, I'd hate me.
(16) If I were you, I'd hate myself.

I が主語で目的語が me である文は，特殊な場合を除けば非文法的[11] である。だが，(15) は文法的であり，かつ (16) とは意味

---

[10] 1950 年代から 70 年代にセックス・シンボル的人気を博したフランスの映画女優。

[11] かつてリベラーチ (Liberace, 1919-1987) というピアニストがいた。セミ・クラシック，ポピュラー，ジャズ等の派手な演奏と華美かつ奇抜な服装で人気・批判双方の対象であった。筆者の大昔の留学時代，彼の演奏をテレビで視聴していたイギリス人女性が「あたし，この人大嫌い」と言った。「なぜ？」と訊いたら His I-love-me kind of attitude makes me shudder. (あの男の"お

が違う。たとえば、筆者がジョン・スミスという男に対して卑劣極まる行いをしたとする。ところが、ジョンは仏様のような人で、一向こちらを恨む様子もない。この状況で筆者が (15) を発したとすれば、その意味は (15′) となる。

(15′) 僕が君だったら、僕のことを憎むのに。(寛大なひとだね、君は。)

逆に、ジョンが良心のかけらもないような男で、最近もある卑劣な行いをしたが、それを一向に悔いる様子がない。それを見て筆者が (16) を発するとすれば、それは (16′) を意味することとなる。

(16′) 僕が君だったら、自分のことを憎むのに。(君は恥知らずだねえ。)

Lakoff (1996) は、(15), (16) の違いを次のように説明する。まず、If 節がスペース構成要素となり、仮説的スペースを作り上げる点はフォコニエのメンタル・スペース理論に従う。そして、一人の個人を「主体 (Subject)」と「個体 (Self)」に 2 分する。主体にはその人の意識・感覚能力・判断・意思等が含まれ、個体はその人の身体的特徴・名前・社会的役割・宗教等が含まれる。

さらに、

---

れはなんて素敵なんだ"の態度が、ぞっとするほど嫌なのよ) と答えた。「I + 他動詞 + me」という文型と、その特殊な意味に出会ったのはこの時が初めてだった。

(17) Linda is better-looking than herself.
（リンダは彼女自身より美人だ）

は矛盾だが，

(18) Linda believes that she is better-looking than herself.

はそうではない。うぬぼれ屋のリンダは少しも美人ではないのに，自分ではブルック・シールズ，キーラ・ナイトリ級の美形だと信じ込んでいる，ということはあり得る。Linda believes that ... がスペース構成要素となり，she is better-looking than herself の矛盾性を取り除くのである。

　この理論は，指示表現と現実の指示対象との間にメンタル・スペースという心的構築物を設定し，また「役割」と「値」という概念を導入して説明を行おうとしたところに特徴を持つ。たとえば，「the morning star（明けの明星）」と「the evening star（宵の明星）」とはどちらも金星を指す。すると

(19) The morning star is the evening star.

という文はどういう真理的価値を持つかが古くから真理条件的意味論では問題となった。フレーゲは「意味」(Bedeutung, 英：meaning) と「意義」(Sinn, 英：sense) を区別することによりこの問題が解決するとした。意味とは，明けの明星・宵の明星という名の指示対象，すなわち金星であり，意義とはその名の意味の与えられ方である。この区別によると，明けの明星と宵の明星は意味において同一ではあるが，意義において異なる。そのため，

(19) の主語と述語は，意味が同一であっても意義が異なるため同語反復ではないと主張したのである。これに対しフォコニエは，あるスペースでは異なる要素，すなわち明けの明星と宵の明星として同定されているものが他のスペースでは金星という一つの要素として同定されるとした。

　メンタルスペース理論は認知言語学の一つの柱と言って差し支えないだろうが，言語理論全体の中でのこの理論の位置づけ，とりわけ統語論・意味論・語用論との関係が明確でない。この理論の射程は，意味論現象だけでなく，語用論現象をも含むはずであるが，認知システムのモジュール性を認めていない点で重大な問題がある。さらに，「メンタル・スペース」「役割」「値」という基本概念に関する厳密な定義が与えられていないのも大きな欠陥である。特に，「役割」と「値」という概念は，今井・西山 (2012: 第5章) で述べられている「変項名詞句」と「値名詞句」の概念に近いように思われるが，両者は同一ではない。したがって，同書が扱う変項名詞句の関与する多様な構文の意味現象をメンタル・スペース理論では説明できないであろう。

　認知言語学は，何人かの主唱者を持つ。しかし，その主張の中で共通しているのは，とりもなおさずこの節の表題「言語研究は認知全般との関連において行わなければならぬ」にほかならない。この主張が認知言語学の「成果」にどのような影響をもたらしているかを次節で見ていこう。

## 3.3. 認知言語学の「成果」

前節の表題となっている認知言語学の根本的方針である，

(20) 言語研究は認知全般との関連において行わなければならぬ。

は，「行わなければならぬ」を「行う必要があるときもある」に直せば，間違いとは言えない。「○山×雄の絵は良い」という発話を「人気のある○山×雄の絵は，この画家が最近夭折したので，買っておくと儲かる」と解釈するには，言語知識以外の認知から得られる知識，すなわち，

(21) ○山×雄の絵には人気のあること；同氏が最近夭折したこと；夭折した人の作品は点数が少ないこと

等々を必要とする。ただ問題点は，関連性理論に従えばこれらの言語以外の知識は，関連性原理 II（第 1 章 (84)）に従う解釈の手続き（第 1 章 (85)）によっていわば自然に聞き手の頭に浮かぶもので，聞き手が，あるいは語用論研究者が，意識的探索によって見出せるものではない。そもそも山のような量の認知全体の中からどうして (21) を選び出すのか？

実際には，根本方針は (20) のままに放置されているので，困難は一層深くなる。ある発話の解釈は限りない認知的概念と照らし合されねばならない理屈となるからである。認知言語学で実際にそれが試されていないのはなぜか？　もし，

(22) 人間の認知は発話の意味解釈に適切な認知的概念と組み合わされるようにできている。

というのであれば，それは，

(23) 神は人間の認知をそのように創り賜うたのである。

というに等しく，認知言語学は科学でないことになってしまう。事実上，認知言語学が (22) のような言明を行っていないということは，とりもなおさず，この理論が関連性理論のいう「関連性原理」を認めていることを意味する。

むろん，認知言語学は関連性理論に身を屈するようなことは公言していない。そこで認知言語学が提示している諸概念のいくつかを見ることにより，この理論が陥ってしまっている (20) に原因する惨状を見ていこう。

### 3.3.1. メタファー

古い修辞学によれば，メタファーとは「あることを言うことにより，その逆を強調的に意味する」修辞法とみなされた。関連性理論がこれを否定していることはすでに見たとおりだが，認知言語学も古典的な修辞法を否定している。

だが共通点はそこまでで，メタファーに対する見方は両陣営でまったく異なる。関連性理論では，He is a lion. の lion が「勇敢な男」と解されるのは，He drinks too much. の drink が「アルコール飲料を飲む」と解され，This steak is raw. の raw が「生焼け」と解されるのと同じく，アドホック概念形成の結果だと考え

る。一方，認知言語学の代表的考えは，次の Lakoff and Johnson (1980: 153) に見られる。

(24) メタファーとは本来的に思考と行為に属するものであって，言語には派生的に属するに過ぎない。
(Metaphor is primarily a matter of thought and action and only derivatively a matter of language.) (p. 153)

言い方を換えれば，関連性理論的見地からは，メタファーというものは言語による伝達から生ずるものである。このことは Sperber and Wilson (2008) に述べられているとおりである。

(25) われわれの見方では，メタファーは一つの連続体なのである。つまり，文字どおりの意味，緩和的用法，そして誇張的解釈の一方の端にあるものなのだ。
(We see metaphors as simply a range of cases at one end of a continuum that includes literal, loose and hyperbolic interpretations.) (p. 84)

これに対して認知言語学的観点からは，言語的メタファーとは，深層に存在する異なる認識的領域から他の領域への写像（たとえば下の (26b) に見る「議論とは闘争である」という認知的領域から，「彼は私の反論をすべて破壊した」という領域への）の表層的な反映に過ぎず，その根源はあくまで認知にあるのであって伝達にあるのではない。

Gibbs and Tendahl (2006) や Tendahl and Gibbs (2008) は，関連性理論・認知言語学の見方が，矛盾するのではなく，相補的

なものである可能性を探ろうとするものであるが、事柄はそれほど単純ではない。

関連性理論にとってのメタファーは、上に述べたとおり、言語使用における連続体的差異の一部をなすものであり、他の「語用論的過程」との一般性を持っている。認知語用論のメタファー観はこのような一般性を持たない。認知言語学によれば、(26) のようなメタファーは [ ] 内の認知領域からの写像によってもたらされるという。

(26) a. Bob's marriage is *on the rocks.*
    (ボブの結婚生活は暗礁に乗り上げている（破綻に瀕している））［愛情は旅程である］

  b. *He destroyed my defences.*
    (彼は私の反論をすべて破壊した（私の反論をすべて論破した））［議論とは闘争である］

  c. Your theory is *falling apart.*
    (君の理論は解体しつつある（破壊に瀕している））［理論は建築物である］

そうであるとすると、次の例はどうなるのだろう？

(27) a. Raymond is a giant.
  b. Raymond is as tall as the Tokyo Skytree.

(27a) はメタファーと言えるが、これはどういう認知領域からの写像なのか？ (27b) はメタファーではなくシミリーであるが、人間が 634 メートルの身長を持つはずはないから、何らかの認知

環境からの写像であるはずだ。それはどんな認知領域なのか？(27a, b) ともに誇大表現ともいえる。とすると誇大表現はいわば元になる認知領域を持たないことになるのだろうか？

(26a) の on the rocks は，Wilson (2011) も指摘しているとおり，

(26a′)　Bob's marriage is *down the drain* / *down the plughole* / *out the window* ...

等々の斜体部を使って言い表すことができる。これらの表現が [愛情は旅程である] という認知環境からの写像でないことは確かである。

　認知言語学は，メトニミー (metonymy) やシネクドキー (synecdoche) も考察対象としている。メトニミー（換喩）とは，あるものを，その属性やそれと密接な関係にあるもので言い替えることで，道具で本体を表したり（例：*The pen* is mightier than *the sword.*（文は武よりも強し）），入れ物で中身を表したり（例：John is on the bottle.（ジョンは酒浸りだ））する。シネクドキー（提喩）はメトニミーの一種と言え，あるものをその部分で表現することを言う。blade で剣を表したり，crown で王室を表すのが例である。メタファーの場合と同じく，関連性理論なら関連性を求める聞き手の語用論的過程によって容易に解釈の説明がつくが，認知言語学では，どのような認知領域からの写像であるかが問題となる。

　要は認知言語学が，(20)（下に再録）

(20)　言語研究は認知全般との関連において行わなければなら

ぬ。

という自縄によって自縛した結果である。つまり,メタファー・メトニミー・シネクドキーという語法がある。語法があるからには,語法に関する認知領域とは別に,他の認知領域があり,その領域からの写像が語法上の領域に写像されてのだと見なければばいけない,と認知言語学者が考えた,と著者には想像するほかないのだ。

---

### コラム❿

　Gibbsはアメリカ人としても実に長身である。7フィートを越すのではなかろうか。来日した時は成田に迎えに行ったが,バスを待つ間彼と喋っていた身長160センチ台の筆者の目には,常に彼の顔と上空の航空機の姿(黄砂か何かで,着陸を待たされている機が多い日だった)が一緒に見えた。

　Gibbsが講演か何かで中部ヨーロッパのある国を訪れた際,散歩をしていたら,背の高さに驚いたのか,小型犬が「攻撃」してきた。Gibbsにしても,「反撃」もできなかったのか,あまり犬が得意でなかったのか知らないが,そのあたりに駐車してあった車の屋根に飛び乗って難を逃れたという。彼がこの話を披露したのは,Deirdre Wilson主催のディナーパーティーの席上で,客の日本人も,欧米人も大笑いをした。車の屋根によじ登るのならともかく,「飛び乗る」というのはGibbsの背丈がなければ考えられないことだったからだろう。

### 3.3.2. プロトタイプ

単語の意味は何か,という問題について,認知言語学のいわば先祖である生成意味論では「構造を持つ意義素ないし意味素性」という立場を取っていた。たとえば,マコーリ(口頭伝達)では,

(28) The man killed the bear.

の意味構造は,次の (29) になるという。とくに,$VP_0$ 以下に注目してほしい。つまり,kill という動詞は

(29)
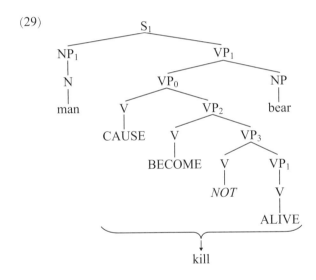

(30) [[[[生きている (alive)] [のではない (not)]] [[状態になる (become)]] ようにする原因となる (cause)]]]]

という構造を持った意味素性からなると考えられたのである。

意味素性を素材とする意味記述は，関連性理論のみならず，認知言語学によっても斥けられた。[12] 認知言語学ではこれに替えて，「プロトタイプ (prototype) 説」が主唱されている。プロトタイプ説とは，ある語で表されるもののうち最も典型的なものとか，その語を聞いたときにまず心に浮かぶものをその語の意味と見なそうという考えである。多くの日本人の場合,「サカナ」と言われればタイ・マグロ・ヒラメなどを真っ先に連想するであろうし，これらを典型的なサカナとみなすことだろう。タツノオトシゴとかリュウグウノツカイは，一般的に言えば典型的サカナではあるまい。

　しかし，タツノオトシゴやリュウグウノツカイを専門に研究している魚類学者であれば，サカナと聞けばこれらの魚類をまず思い浮かべるかもしれない。それに，同一人物であっても，前後関係によって解釈が異なることはいくらでもある。筆者は寿司屋に入ろうとするときには，「ノドグロ（＝アカムツ）があるといいな」と思う。マグロやヒラメはまずあるに決まっているから，念頭から去ってしまう。「家人に「今日の晩御飯トリでいい？」と訊かれれば「トリ」を「鶏」ないし「鶏肉」と解釈するが，「庭にトリが来てモチ（黐）の木の実を食べてるのよ。よほど餌がないのね」と言われれば小鳥かせいぜいヒヨドリぐらいの鳥を連想し，鶏とは決して思わない。

　プロトタイプ説は，多くの人の常識やら，好みを漠然と記述す

---

[12] 関連性理論による意味素性素材の意味記述否定論については，今井・西山 (2012: 33) を参照のこと。

る役には立つが,「意味とは何か」という基準にはなりえない。ここにも認知言語学が,言語と他の認知領域を無理に結び付けようとした弊害の例が見られる。

### 3.3.3. 把握 (construal)

Langacker (2008) に次のことばがある。

(31) ある表現の意味とは,その表現が引き起こす概念的な内容だけではない。同じように重要なのは,その内容がどのように把握されているかである。
(An expression's meaning is not just the conceptual content it evokes—equally important is how the content is construed.) (p. 55)

よく挙げられる例が,コップに水がちょうど半分入っている状況を表現する差だ。The glass is half-full. か The glass is half-empty. か？

ラニカーは,把握の仕方を決定する要素として,特定性 (specificity)・焦点化 (focusing)・際立ち (prominence)・遠近法 (perspective) の4種を挙げる。「これは私の親族です」というより「これは私の伯母です」というほうが特定性は高いし,

(32) a. Bob is one of the best polo players in this State.
    b. One of the best polo players in this State is Bob.

において,おそらく (32a) では Bob のほうに the best polo players より大きい焦点化が感ぜられ,(32b) ではその逆であ

ろう。焦点と非焦点は「前景（foreground）」と「背景（background）」に分かれて現れ，「図（figure）」と「地（ground）」として認識される。日章旗においては，「日の丸」という別称に現れているとおり，中央の赤い丸が前景であり，図として認識されるのが普通であろう。ただ，昔は戦争が起こると，徴兵された人に，日章旗に名前やら「武運長久」「米英撃滅」「暴支膺懲」などの句を墨で書いて入営の祝いとして贈った。この一種の「寄せ書き」を行った人は，白い部分を選んで書いたであろうから，この場合は前景・背景，図・地が逆転して，白いほうが前者になったと考えてよかろう。

「際立ち」については，elbow（ひじ）や hand（手）を例に取ろう。

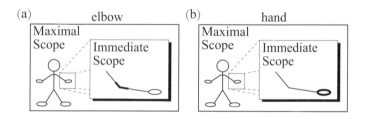

(a) 図，(b) 図とも，「腕」をスコープとした場合，ひじや手にとくに注目しているのであれば，それらが「弾丸探索器（焦点）（trajector）」となり，腕は「標識点（landmark）」と呼ばれる。

以上は，認知言語学が挙げてきた「成果」のうちの，ごく微細な一部である。ここで認知言語学が自らに課した縄 (20) をもう一度繰り返そう（傍点は筆者）。

(20) 言語研究は認知全般との関連において行わなければなら

ぬ。

認知全般は、それぞれをいろいろな角度から眺めれば、無限であると言っていい。認知言語学者には、次の程度の皮肉は言っても許されると思う。「あなた方は、言語現象と無限の認知現象との突き合わせをやろうとしておられるのですか？」

### 3.3.4. 認知言語学の「窓」はどこにあるのか？

くどいようだが、フォコニエからの引用 (4) の一部を下に再掲する。

(4′) この極端に自律的な言語観とは対照的に、認知言語学は昔ながらの伝統を復活させた。この伝統に従えば、言語は意味を編み出し、それを伝達する役割を担っており、言語学者と認知科学者にとって、言語とは精神・頭脳の中を知るための覗き窓の役を果たしているのである。

(In contrast to this sharply autonomous view of language structure, cognitive linguistics has resurrected an older tradition. In that tradition, language is in the service of constructing and communicating meaning, and it is for the linguist and cognitive scientist window into the mind.)

ここに言う「窓」とは、電車や自動車の窓とは違い、その窓が無くても見えるものが見える、というものではなくて、その覗き窓に目を当てなくては、認知の構造と機能を見ることができない、

という種類の窓のはずである。

関連性理論には明らかにその種の窓がある。この窓を通じて，関連性学者は関連性原理を発見し，語用論的過程が亜人格性，言い換えれば，自動的，非意識的，さらに非思慮行使的である (non-reflective) ことを明らかにした。さらに Sperber (2005) は亜人格的語用論過程が進化の結果であることを示唆している。この点については次節の終わりのほうでより詳しく述べる。

このような業績のかけらでも認知言語学は挙げているだろうか？　この本の著者には，認知言語学者はもっぱら電車や自動車の窓から見えるものを見て子供のように喜んでいるだけか，あるいは (4′) に使われている「窓」の意を真の認知科学者が使うそれとはまったく違う意味にしか使っていないのだと思わざるを得ない。フォコニエの唱えた「窓」とは曇りガラスで，向こうが見えぬ窓であったとも言える。そもそもフォコニエの主張は「観察可能なもの以外は研究の材料としてはならない」という大昔の科学観であったというほかない。日本最初のノーベル賞受賞者湯川秀樹博士が 80 年前に「中間子説」を唱えるまでの物理学界では，陽子と中性子がなぜ強く結びついているのが謎だった。そこで湯川博士は中間子という素粒子が存在し，これが陽子と中性子の間をいわば行ったり来たりして両者を結びつけているのだという仮説を立て，1934 年に発表した。これはアブダクションによる仮説であり，湯川博士が実験によって中間子なるものを観察し，それに基づいて中間施設を唱えたわけではない。中間子の存在が実験により確認されたのは 1947 年のことである。認知言語学者に「湯川博士には 1934 年の段階で中間子を見ることができたのだ

ろうか？」と訊いたら，何と答えるだろう？

### 3.3.5. 2種類の推論

次の会話 (33) と，それに関連する推論 (34) を見てほしい。

(33) 　A: 　今日の飲み会出るかい？
　　　　B: 　今日は高校時代の担任のお通夜なんだよ。
(34) 　今日はB君の昔の担任の先生のお通夜である。
　　　<u>恩師のお通夜と飲み会が重なった場合，当然，お通夜が優先される。</u>
　　　∴ B君は今日の飲み会には出ない。（= 第1章 (43′)）

(33) では，B君が飲み会の出欠について何もいていないにもかかわらず，A君にはB君が欠席であることが分かる。その原因はA君が (34) に示す推論を行うからである，と第1章で，類似の例について説明した。

その説明は決して間違ってはいない。ただ，A君は (34) に見るような"論理学の教科書に出てきそうな"推論を行うのだろうか？ 実際にはB君の発話を聞いた瞬間に，あるいはB君がその発話に「実はね …」とか「それがさ …」などの句を付け加えただけで「B君は欠席」という結論を出してしまうのではないか？ これについては読者諸賢も，同じ"感じ"を持つのではなかろうか。

この"感じ"が正しいとすれば，A君は，分析的に言えば (34) と同じでも，ずっと自動的で瞬間的な，"論理学の教科書に出てきそうにない"推論を行っていることになる。一般的に言うと，発話理解におけるわれわれ人間は，多くの場合，「直観的 (intuitive)」推論を行っていると見られる。

　上例で，A君はB君の暗意を汲み取っいるわけだが，明意を汲み取る場合も，その過程は決して"論理学の教科書に出てきそうな"ものではない。(35)はC君がD君に対して行った発話だと考えてほしい。

(35) 彼女①は君②にあのこと③で話があるそうだよ。つまりあの候補④は若すぎる⑤し，よく飲む⑥し，だいたい物の言い方を知らない⑦，っていうことらしいよ。

(35)の聞き手D君は，①，②等の番号を付けた項目に直観的，自動的，瞬間的「発展」を施し，迅速な発話解釈を行う。これをわざと解説的に，つまり"論理学の教科書に出てきそうな"型に書き直せば(36)のようになろうか。

(36) ①　「彼女」とは，話し手が私(＝聞き手D君)にその代名詞を使えばすぐに誰か分かる人物，つまり山田正子のことと解される。〈飽和〉
　　 ②　「君」とはD君を指す。〈飽和〉
　　 ③　「あのこと」とは，話し手がD君にそう言えば分かる話題，つまり二人の属する会の新会長選出をめぐる話である。〈飽和〉
　　 ④　「あの候補」とはD君が先日，山田正子に「新会長に適任ではないか」と言って名を挙げた人物である。〈飽和〉
　　 ⑤　「若すぎる」というのは，④で挙げた人物が，会長に

なるには若すぎるという主張である。〈飽和〉

⑥ 「飲む」とは水等をでなく，アルコール飲料を，かつ適量以上に呑むことを指している。〈アドホック概念構築〉

⑦ 「ものの言い方を知らない」とは，日本語が不自由である，等のことではなくて「他人(ひと)の反感を買ったり，誤解を受けたりする言葉遣いをする」の意である。〈自由補強〉

D君は確かに〈　〉で示した発展に分析的には等しい推論を行うのではあるが，それを行うのは「直観的推論（intuitive inference）」，つまり，自動的，瞬間的，迅速な推論であって，(36) のように「思慮行使的推論（reflective inference）」ではないのである。一般に発話解釈で行われるのは直観的推論であって，思慮行使的推論ではない。もしD君が (35) を聞かされて (36) のような思慮行使的推論を行っていたら，(35) の話し手C君から「おい君，何をぼんやりしているんだ？ 僕の言ったことが聞こえなかったのか？」と言われてしまうだろう。

　もっとも，発話解釈に次のような場合が絶無なわけではない。読者諸賢および筆者が政治記者，政治評論家だったと仮定しよう。A総理が次のように発言したとする。

(37) 今年中は内閣改造はありませんよ。

これを聞いた政治記者，政治評論家たち（以下単に"記者"と言う）は，それを子供のようにそのまま信じ込むわけではない。これま

でに聞いた他の政治家の発話，さまざまな噂等々を前提として，いろいろ推論を行い，今後の政治の動きについて，できるだけ正しい予測を行おうとする。つまり，思慮行使的推論を行わざるを得ないわけである。この際前提となるのは，たとえば (38) のようなものである。

(38) a. 幹事長 B 氏が新総裁候補として出馬するのではないか。
 b. B 氏は盟友の C 氏に当分幹事長を続けると言っているそうだ。
 c. しかし与党内には B 新総裁を期待する声が大きいとも聞く。

(38) の中には，確実でない噂や，互いに矛盾する情報も含まれている。だから，明確な結論は出ない。しかし，記事を書いたり，解説をする必要があるから，記者は明確な結論に最も近いだろうとする結論を出す。その中には (39) が含まれるだろう。

(39) a. A 総理の言うとおり，今年中は内閣改造はないだろう。
 b. B 氏の幹事長辞職の余波で今年中に改造があるだろう。
 c. B 氏が幹事長をやめても，A 派の結束は固いから，改造には至るまい。

思慮行使的推論を行うと，必ず (39) のように結論がまちまちになってしまうとは限らない。思慮行使的推論が，信ずるに足る

結論を出す場合も無論ある。たとえば (40) だ。

(40) a. 一昨日死んだ伯父は私に 2,000 万円の遺産をくれると言っていた。
b. 2,000 万円は法定相続人の遺留分を犯すものではない。
c. 伯父は上記を公正証書にしてあり，そこでは a, b が明白に記載されている。
d. 遺言執行者として高名な弁護士を指定してある。

(40) からは，

(41) 伯父が死ねば私は 2,000 万円の遺産を受け取ることができる。

という，まずもって疑いのない結論が得られる。「まずもって」という条件を付けたのは，もし次のような事情が存在したなら，「私」は (41) という事態を享受できないからである。

(42) a. (40c) の作成日以降に，伯父は新たな公正証書遺言状を作成しており，そこには (40a) の項目は含まれていなかった。
b. 伯父の遺産を調べてみたら，すべて抵当権が設定されており，「私」に渡り得る財産は無かった。

ただし，「私」に (42) に類する情報（前提）が知られていなければ，(41) は論理的には正しい結論と言える（事実に一致はしていないが）。

逆に直観的推論が誤った結論を出す場合もある。(33) の A 君が，B 君の発話 (33B) を聞いて，いやそれを半分も聞かないうちに，直観的推論によって (34) の最終行の結論を出したとする。ところが，B 君がそれに続けて

(43)　でもまあ担任てったって，任期の関係で半年だけだったしな。それにあの教師は俺のこと不良扱いしてたし，英語の評点も 3 しかくれなかったんだ。

と言ったとする。すると A 君は，おやおや，それでは B 君はお通夜に行かずに飲み会に出るのかな，と思い，

(44)　じゃお通夜は行かずに，飲み会に出るのかい？

と念を入れる。A 君としては，最初の結論（＝ (34) の最終行）は間違っていたのかな，と思い始めるわけである。正確に言えば，最初の結論は論理的は間違っていなかったのだが，今や (43) という新しい情報（＝前提）を得て，新しい結論が出るのかな，と考え始めたわけだ。この時点の A 君には，明確な結論は得られていないのである。

　このように，直観的推論も思慮行使的推論も，明確な結論をもたらす場合もあれば，複数のあい異なる結論をもたらす場合もあるし，さらにはいったん明確な結論を与えた後に，新しい情報（＝前提）の追加によって，前と異なる結論をもたらしたり，結論が明確でなくなったりする。この点では両者に違いはない。しかも推論は間違ったままになってしまうこともある。話し手が

(45) あの男は，ずいぶん君のことを悪く言ってたぜ．

と伝えたとする．話し手は「あの男」でC君を指していたのだが，聞き手はD君と受け取ってしまう．聞き手が「まあ，D君には止むを得ず不利な扱いをしてしまったので恨むのも無理は無かろう」と考え話し手に「そうかい」とだけ答えて，「あの男」が誰を指すかを特に聞かなければ，(45)という発話は誤解されたままになってしまうわけである．このように，発話というものは，常に誤解されるリスクを持ったものなのだ．

さて，上で思慮行使的推論の例をかなり数多く出したため，混乱を生ずるといけないが，これは推論には「直観的」「思慮行使的」の2種類が存在することを指摘する必要から行わざるを得なかったことで，これ以降は，発話解釈における推論は，すべて直観的推論である，という関連性理論の主張に従うことにする．というのは，直感的推論は，関連性理論の言う「100％モジュール説」と深く関係しているからである．第1章ですでにモジュール説に触れたが，ここではまず，関連性理論の奉ずるモジュール説をより詳しく確認することにしよう．

なお，直観的推論と思慮行使的推論を扱ったMercier and Sperber (2009)の結論の一部を，関連性理論が語用論に留まらない学問領域であることを示す趣旨も加えて，次に引用しておこう．

(46) 本章でわれわれは推論に関する本来的考えの概略を描こうとしてきた．われわれの見方では，推論とは，社会的能力，さらに特定的に言えば伝達能力の一側面である．

この見方は，進化論的心理学，とりわけ人間の頭脳・精神に関する100％モジュール論の中に組み込まれる理論である。この理論の中核には2種類の推論を区別する見解が存在する。一方の推論である直観的推論は推論モジュールの直接の出力であり，それらの推論を受け入れる理由を顧慮することなしに起こる推論である。もう一方の思慮行使的推論は，特定のメタ表示的モジュール，すなわち論証モジュールの間接的出力であり，このモジュールの直接の出力は，得られた結論を受け入れる議論か拒斥する議論のいずれかである。

(中略)

　進化論に関する議論を導入した目的は，論証モジュールの機能はどういうものであり得るか，すなわち，対話者同士の情報の流れを，話し手側の説得性と聞き手側の認知的警戒心[13]を規制するものであるか否かを説明するところにあった。

([W]e have tried to outline an original view of reasoning, seeing it as an aspect of social, and more specifically communicative competence. This view is embedded in an evolutionary psychology framework and in particular in a massive moduralist view of the human mind. At its core is the distinction between two types of inferences: intuitive inferences that are the

---

[13] この概念については Sperber et al. (2010) を参照のこと。

direct output of inferential modules and take place without attention to reason for accepting them; and reflective inferences that are an indirect output of a particular metarepresentational module, the argumentation module, the direct output of which is an argument for or against a given conclution. [...]

An evolutionary argument was put forward to explain what the function of the argumentation module might be—namely, to regulate the flow of information among interlocutors through persuasiveness on the side of the communicator and epistemic vigilance on the side of the audience.)　(pp. 165-166)

## 3.4. 関連性理論によるモジュール説

### 3.4.1. モジュールはパンクしないか？

　第1章で見たとおり，フォウダーによれば，人間の認知体系のうち，モジュールであるのは，下位の知覚的入力システムであり，総合的判断をはじめとする「高級な」働きは，中心的体系によって行われるというものであった。

　関連性理論のように，100％モジュール論を取った場合，もし総合的判断のような高級な認知活動に対処するのが，たった一つのモジュールであるなら，量的にも質的にも多岐にわたる情報を処理するその単一のモジュールが，いわば「労働過重」になるのではないかという，フォウダー説を介した素朴な疑問が生ずる。

それに答える前に、フォウダーの枠組みでも明らかにモジュールとされる視覚を取り上げてみよう。第1章では、フォウダーのモジュール論の説明の中で、「義務的操作性」として、「聴覚、視覚はモジュールなのでその働きは義務的であり、"持主"の自由にはならない」と書いた。これは基本的には正しいのだが、「明らかに視覚で捉えられているはずなのに、本人（＝視覚の持ち主）はそれに気づかない」という場合がある。Simons and Chabris (1999) の実験結果がこの一例である。被験者は3人ずつの2組がバスケットボール2個をそれぞれパスしあっているビデオを見せられる。画像に先立って被験者は「白いシャツを着た3人組が何回パスをするかを数えてください」と要請される。実はこれは本当のポイントではない。ビデオではゴリラのぬいぐるみを着た人物が画面を横切り、中央の辺では本物のゴリラを真似たドラミングまでしてみせるのだが、被験者がこのゴリラの出現に気がつくかどうかがポイントなのである。実に50％の被験者が気がつかなかったという。このビデオは http://www.youtube.com/watch?v=vJG698U2Mvo で見ることができる。読者諸賢や筆者は本当のポイントを知ってしまっているので、必ずゴリラに気づいてしまうが、知人・友人などに試してみるといいかもしれない。

　視覚のような、比較的単純なモジュールでも入力情報の疎外は起こる。発話解釈を含む認知過程はきわめて複雑な過程である。なぜなら認知過程のコンテクストは、1秒の何百・何千分の1毎に変化していく。発話解釈を例に取れば、一つの発話の解釈が行われるたびに、次の発話を解釈するコンテクストには変化が生じていくのだから。これに参加するモジュールにはかなりの種類の

モジュールがあるであろうし,複雑な構造を持ったものに違いない。

### 3.4.2. モジュールはなぜ文脈依存 (context-sensitive) になりうるか?

Sperber (2005) は,認知心理学者 Gallistel (1999) からの次の引用で始まっている。

(47) 学習に関する学説理論を観察すると,過去も現在も,そのほとんどが,学習メカニズムというものを,具体的な個々の問題に対処する環境順応的な分化的メカニズムだと見なしていない。これは奇妙なことだが事実なのだ。ほとんどの学説が,頭脳の中には,一般目的用の学習過程が一つだけ存在し,その過程の目的は学習の問題を解決することのみに順応しているとい考えを前提的に抱いているのだ。

([I]t is odd but true that most past and present contemporary theorizing about learning does not assume that learning mechanisms are adaptively specialized for the solution of particular kinds of problems. Most theorizing assumes that there is a general-purpose learning process in the brain. A process adapted only to solving the problems of learning.) (p. 1179)

"一般目的用の学習過程"とは,まさしく第1章で触れたフォウダーの「中心的体系」にほかならない。フォウダーとは対極的な考えを持つスペルベルは,Sperber (2005) によってこの小節の

表題，すなわち「発話解釈モジュールはなぜ文脈依存 (context-sensitive) になりうるか？」，と言うよりもむしろ「発話解釈モジュールはなぜ文脈依存にな˙ら˙ざ˙る˙を˙え˙な˙い˙か？」を明らかにしようとしている。

ここで復習になるが，発話解釈をするということは，話し手が何を伝達しようとしているか，つまり話し手の意図は何かを知ることが根本なのであった。上にも述べたとおり，一つの発話の解釈が行われるたびに，次の発話を解釈するコンテクストには変化が生じていくのだから，発話解釈過程は，このように常に変化するコンテクストに対応できるものでなければならない。そして解釈過程は第1章で見たとおり，複雑にして多岐に亘るものである。こう考えれば，認知的モジュール間にはフォウダーの言うような厳密な意味での情報遮蔽性 (informational encapsulation) はない，と考えるのが自然だろう。つまり，モジュール間には「間接的な」影響力が働くのである。消化器が咽頭・胃・大腸・唾液腺・肝臓等のサブ・モジュールから成っているように，複雑な働きをする認知モジュールは，いくつものサブ・モジュールから成っており，また他のモジュールから影響を受ける場合があると考えるのが自然だろう。ということは，モジュール性と言う組織は，環境に順応し，あるいは反応することによって生じた進化の産物であると考えられる。進化の産物である，つまり生態学的モジュールは，その特性として特定の入力条件と，その条件に合致する入力を処理する独占的方策を備えている。たとえば，あるモジュールが入力として特定の構造パタンを徴候として持った音声を持つとすると，そうした音声パタンがこのモジュールが作用す

る環境において，ある一つの自然言語の音声に対応することとなる。このような場合を「領域特定的 (domain-specific)」と呼ぶべきだろう。一方，「情報遮蔽性」はミュラー・リアーの錯視（図1, p. 71）などでは確かに表れるが，モジュール一般の特性とは考えるべきではないだろう。

### 3.4.3. モジュールの生得性

生成文法の言う「言語機能 (language faculty)」は生得的なモジュールである。また，フォウダーが例として挙げている消化器や感覚器は疑いもなく生得的モジュールだ。このことから100%モジュール説のモジュールもすべて生得的なものだと主張されていると見る人もいるかもしれない。

それは誤解である。100%モジュール説では，モジュールのうちいくつかは古くからの意味で生得的だが，他のモジュールは生得的モジュールを基にしてそこから派生するものと考えられている。Sperber (2005) を参考にいくつかの例を見ていこう。

(48) 垂直な落下の回避： 乳幼児（や他の動物の幼獣）は，以前に下へ落ちた経験が経験がまったくないにもかかわらず，垂直な落下の可能性を察知し，落下を避ける能力がある。Gibson and Walk (1960) の実験では，四角い箱を作り，上の面には丈夫なガラスを貼る。ただしそのガラスの半分ほどは布などで裏打ちがしてあり，下が見えず，残りは裏打ちがないので下が見える。這い這いのできるようになった赤ん坊を下が見えないほうに乗せ，母

親が呼んだり子供が面白がりそうなおもちゃを見せた。母親が下の見えない側に立っているときは36人中27人の子が母親のほうに寄って行ったが，母親が下の見える側に立った時は，子供は「見えない」ほうの端までしか行かず，中には泣き出す子もいた。

　落下の可能性の察知とその回避は，生得的なモジュールのもたらすものと言ってよかろう。

(49) ガルシア効果：　ラットなどの動物は，ある種の食べ物を食べて，その結果腹痛・嘔吐などの経験をすると，その食物を忌避するようになる。これをガルシア効果と言う。これをモジュールとすると，食物の選択と言う生得的なモジュールに発するものか，新しいモジュールの誕生なのかよく判らない。また回避の対象になる食物が3種であるとすると，三つのモジュールがあるのか，一つのモジュールのデータベースが増えるのかも目下の所不明である。

(50) 顔の認識：　これも一般的な学習能力が複数のモジュールを生むのか，顔という形態認識の一つのモジュールを生むのか，今のところよく分からない。

(51) 言語能力：　生得的なモジュールである言語機能 (language faculty) が基となり，入力の差によって日本語・英語等の個別言語に関する言語能力 (linguistic competence) が生まれる。言語能力がモジュールであることに

も疑いがない。バイリンガルな人（あるいはもっと多くの母語を持つ人）の場合，各言語に関する言語能力は，一つの普遍文法のサブ・モジュールではないかという意見が強い。

(52) 解読： 文字は人間の歴史の中でも比較的新しく生まれたものではある。しかし，文字を読むときは「視覚文字形領域」と呼ばれることのある，左脳の後頭側頭葉溝にある脳部位が必ず使われる。このことからディアエナ (Stanislas Dehaene) は次のように推測する。「人間の脳が文字を読み取る能力を学習できる原因は，霊長類の腹側視覚路[14] の一部が，単語知覚に必要な操作を自覚的に作動させ，文字や単語を含む真新しい形状に自分自身を適合させるに十分な可塑性を持っているからであろう。文字を読む力を獲得する際に，上記の知覚体系の一部は，単語知覚に潜んでいる前後関係や状況に左右されない視覚操作に高度に適合したものとなる。(中略) このように，文字解読能力の獲得は，脳に元から存在する部位による選択と局部的適合によって進行するのであって，その部位に新しい性格を改めて植え込む過程ではない (Dehaene (2005))」。つまり，文字読み取り能力は，脳細胞のすでに特定化された部位に新たなモジュールを芽生えさせる過程なのであることが分かる。

---

[14] Milner and Goodale (1998) 参照。

## 3.5. 認知言語学には「窓」がない

3.3.4 節で一応疑問の形で述べたことは，今や明確な断定の形を与える必要がある．認知言語学には「窓」がないのだ，と．

関連性理論は発話解釈の具体的過程を明らかにすることにより，その根底に関連性理論があることを発見した．解釈の手段と心の理論の亜人格性を明らかにした．これも発見である．そしてこの章で幾分詳しく論じたように，解釈の可動性と文脈移動性は100％モジュール説により説明され，モジュールには生得的なものと，生得的なモジュールから派生するモジュールのあるらしいことが分かった．

これらは認知の内部への覗き窓などと言うことを喧伝していない関連性理論が，まさしく覗き窓によって発見した事柄である．

ひるがえって認知言語学は，フォーコニエが (4) で「窓」の存在を明言しているにもかかわらず，何の発見もしていない．すでに言ったように，自動車や電車の窓から見える物の「共通性」について理論めいたことを眩いているだけである．認知言語学者は，よろしく，フォーコニエの「窓」発言を取り消し，自分たちは認知の知られざる部分について何の発見をするつもりのないことを告白すべきであろう．

# 参 考 文 献

Austin, John (1962) *How to Do Things with Words*, Harvard University Press, Cambridge, MA. [坂本百大(訳) (1978)『言語と行為』大修館書店, 東京.]

Barrett, H. C. (2005) "Enzymatic Computation and Cognitive Modularity," *Mind & Language* 20, 259-287.

Barrett, H. C. and R. Kurzban (2006) "Modularity in Cognition: Framing the Debate," *Psychological Review* 113:3, 628-647.

Bott, Lewis and Ira A. Noveck (2004) "Some Utterances Are Underinformative: The Onset and Time Course of Scalar Inferences," *Journal of Memory and Language* 51, 437-457.

Breheny, Richard, Napoleon Katsos and John William (2006) "Are Generalised Scalar Implicatures Generated by Default?" An On-Line Investigation into the Role of Context in Generating Pragmatic Inferences, 1-30.

Brown, Penelope and Stephen C. Levinson (1987) *Politeness: Some Universals in Language Usage*, Cambridge University Press, Cambridge. [田中典子(監訳) (2011)『ポライトネス: 言語使用における, ある普遍現象』研究社, 東京.]

Cann, Ronnic (1993) *Formal Semantics—An Introduction*, Cambridge University Press, Cambridge.

Carston, Robyn (2002) *Thoughts and Utterances: The Pragmatics of Explicit Communication,* Blackwell, Oxford. [内田聖二ほか(訳) (2008)『思考と発話—明示的伝達の語用論』研究社, 東京.]

Carston, Robyn (2004a) "Review of Stephen C. Levinson, *Presumptive Meanings*," *Journal of Linguistics* 40:1, 181-186.

Carston, Robyn (2004b) "Truth-Conditional Content and Conventional Implicature," *The Sematics/Pragmatics Distinction*, ed. by Claudia Bianchi, CSLI Publications, Stanford.

Carston, Robyn (2005) "Relevance Theory, Grice and Neo-Griceans: A Response to Laurence Horn's 'Current Issues in Neo-Griceans Pragmatics'," *Intercultural Pragmatics* 2:3, 303–319.

Carruthers, Peter (2006) *The Architecture of the Mind: Massive Modularity and the Flexibility of Thought*, Oxford University Press, Oxford.

Chomsky, Noam (1975) *Reflections on Language*, Pantheon Books, New York. [井上和子ほか(訳) (1979)『言語論』大修館書店, 東京.]

Chomsky, Noam (2000) "Linguistics and Brain Science," *Image, Language, Brain*, ed. by Alec Marantz, Yasushi Miyashita and Wayne O'Neil, MIT Press, Cambridge, MA.

Chomsky, Noam (2011) "Language and Other Cognitive Systems. What Is Special about Language?" *Language Learning and Development* 7, 263–278.

Cosmides, L. and J. Tooby (1992) "Cognitive Adaptations for Social Exchange," *The Adapted Mind*, ed. by J. in Barkow, L. Cosmides and J. Tooby, Oxford University Press, New York.

Cosmides, L. and J. Tooby (1994) "Origins of Domain Specificity: The Evolution of Functional Organization," *Mapping the Mind: Domain Specificity in Cognition and Culture*, ed. by L. Hirschfeld and S. Gelman, Cambridge University Press, New York.

Dehaene, Stanislas (2005) "Evolution of Human Cortical Circuits for Reading and Arithmetic: The "Neuronal Recycling" Hypothesis," *From Monkey Brain to Human Brain*, ed. by S. Dehaenes at al., MIT Press, Cambridge, MA.

Fauconnier, Gilles (1985/1994$^2$) *Mental Spaces: Aspects of Meaning Construction in Natural Language*, MIT Press, Cambridge, MA. [坂原茂ほか(訳) (1987/1996$^2$)『メンタル・スペース——自然言語理解の認知インターフェイス』, 白水社, 東京.]

Fauconnier, Gilles (2000) "Methods and Generalizations," *Scope and Foundations of Cognitive Linguistics*, Cognitive Linguistics Research Series, ed. by Janssen and G. Redeker, Mouton De Gruyter, The Hague.

Fauconnier, Gilles (2003) "Cognitive Linguistics," *Encyclopedia of Cognitve Science*, ed. by Lynn Nadel (editor-in-chief), Macmillan, London.

Fodor, Jerry A. (1983) *The Modularity of Mind*, MIT Press, Cambridge, MA.

Fodor, Jerry A. (2001) *The Mind Doesn't Work That Way*, MIT Press, Cambridge, MA.

Gallistel, C. R. (1977) "Neurons and Memory," *Conversations in the Cognitive Neurosciences*, ed. by M. S. Gazzaniga, MIT Press, Cambridge, MA.

Gallistel, C. R. (1990) *The Organization of Learning*, Bradford Books, MIT Press, Cambridge, MA.

Gallistel, C. R. (2000) "The Replacement of General-Purpose Learning Models with Adaptively Special Learning Modules," *The Cognitive Neuroscience*, 2nd ed., ed. by M. S. Gazzaniga, 1179-1191, MIT Press, Cambridge, MA.

Gallistel, C. R. (2009) "The foundational Abstractions," *Of Minds and Language: A Dialogue with Noam Chomsky in the Basque Country*., ed. by Piatelli-Palmarini, Massimo, Juan Uriagereka and Pello-Salaburu, Cambridge University Press, Cambridge.

Gibbs, Raymond and Markus Tendahl (2006) "Cognitive Effort and Effects in Metaphor Comprehension: Relevance Theory and Psycholinguistics," *Mind and Language* 21:3, 379-403.

Gibson, Eleanor J. and R. D. Walk (1960) "Watch Out for the Visual Cliff!" *Scientific American* 202:4, 67-71.

Grice, Paul (1989) *Studies in the Way of Words*, Harvard University Press, Cambridge, MA.

Horn, L. R. (1984) "Toward a New Taxonomy for Pragmatic Inference: Q-based and R-based Implicature," *Meaning, Form, and Use in Context: Linguistic Applications*, ed. by D. Schiffrin, Georgetown University Press, Washington, D.C.

Horn, L. R. (2005) "Current Issues in Neo-Gricean Pragmatics," *Intercultural Pragmatics* 2:2, 191-204.

今井邦彦 (1985)「脱チョムスキー」『言語』第 15 巻第 10 号.

今井邦彦(編) (1986)『チョムスキー小事典』大修館書店, 東京.

今井邦彦 (1997)「言語とは何か」『言語の科学入門』(大津由紀雄ほか (編)《言語の科学》第 1 巻), 松本裕治ほか, 岩波書店, 東京.

今井邦彦 (2000)「ユーモアとエチケットの狭間」『言語』第 29 巻第 4 号.

今井邦彦 (2001)『語用論への招待』大修館書店, 東京.

今井邦彦 (2005)「語用論」『言語の事典』, 中島平三(編), 109-143, 朝倉書店, 東京.

今井邦彦(編) (2009a)『言語学の領域 II』(中島平三(監修)〈言語の可能性〉2), 朝倉書店, 東京.

今井邦彦 (2009b)「意味論」今井 (2009a), 12-24.

今井邦彦 (2009c)「関連性理論」今井 (2009a), 52-71.

今井邦彦(監訳) (2014)『語用論キーターム事典』開拓社, 東京.

今井邦彦(監訳) (近刊)『意味論キーターム事典』開拓社, 東京.

今井邦彦・西山佑司 (2012)『ことばの意味とはなんだろう――意味論と語用論の役割』岩波書店, 東京.

Jary, M. (1998) "Relevance Theory and the Communication of Politeness," *Journal of Pragmatics* 30.

Lai, C. S., S. E. Fisher, J. A. Hurst, F. Vargha-Khadem and A. P. Monaco (2000) "A Forkhead-Domain Gene Is Mutated in a Severe Speech and Language Disorder," *Nature* 2001 Oct 4; 413 (6855), 519-523.

Lakoff, George (1987) *Women, Fire, and Dangerous Things: What Categories Reveal About the Mind*, University of Chicago Press, Chicago. [池上嘉彦・河上誓作(訳) (1993)『認知意味論――言語から見た人間の心』紀伊國屋書店, 東京.]

Lakoff, George (1996) "Sorry, I'm not myself today: The Metaphor System for Conceptualizing the Self," *Spaces, Worlds, and Grammar*, ed. by G. Fauconnier and E. Sweetser, 91-123, University of Chicago Press, Chicago.

Lakoff, George and Mark Johnson (1980) *Metaphors We Live By*, University of Chicago Press, Chicago. [渡部昇一・楠瀬淳三・下谷和幸(訳) (1986)『レトリックと人生』大修館書店, 東京.]

Langacker, Ronald W. (1986) "An Introduction to Cognitive Grammar," *Cognitive Science* 10, 1-40.

Langacker, Ronald W. (1987) *Foundations of Cognitive Grammar, Volume I, Theoretical Prerequisites*, Stanford University Press, Stanford.

Langacker, Ronald W. (1991) *Foundations of Cognitive Grammar, Volume II, Descriptive Application*, Stanford University Press, Stanford.

Langacker, Ronald W. (2008) *Cognitive Grammar: A Basic Introduction*, Oxford University Press, Oxford.

Levinson, Stephen C. (2000) *Presumptive Meanings: The Theory of Generalized Conversational Implicature*, MIT Press, Cambridge, MA.［田中廣明・五十嵐海理(訳)（2007）『意味の推定——新グライス派の語用論』研究社，東京.］

McCawley, James D. (1978) "Conversational Implicature and the Lexicon," *Syntax and Semantics* 9: *Pragmatics*, ed. by P. Cole, 245-258, Academic Press, New York.

McCawley, James D. (1981) *Everything that Linguists Have Always Wanted to Know about Logic (But Were Ashamed to Ask)*, University of Chicago Press, Chicago.

Marslen-Wilson, W. (1973) *Speech Shadowing and Speech Perception*, Doctoral dissertation, MIT.

松浪有・池上嘉彦・今井邦彦(編)（1983）『大修館英語学事典』大修館書店，東京.

Mercier, Hugo and Dan Sperber (2009) Intuitive and Reflective Inferences," *Two Minds: Dual Processes and Beyond*, ed. by J. St. R. T. Evans and K. Frankish, Oxford University Press, Oxford.

Milner, A. David and Melvin A. Goodale (1995) *The Visual Brain in Action*, Oxford University Press, Oxford.

Montague, Richard (1973) "The Proper Treatment of Quantification in Ordinary English," *Formal Philosophy: Selected Papers of Richard Montague*, ed. by R. Thomason, 247-270, Yale University Press, New Haven.

Moore, Terence and Christine Carling (1982) *Understanding Language: Towards a Post-Chomskyan Linguistics*, Macmillan, London.

Morris, Charles (1938) *Foundations of the Theory of Signs*, University of Chicago Press, Chicago.

Origgi, Gloria and Dan Sperber (2000) "Evolution, Communication and the Proper Function of Language," *Evolution and the Human Mind: Language, Modularity and Social Cognition*, ed. by P. Carruthers and A. Chamberlain, 140–169, Cambridge University Press, Cambridge.

Pinker, S. (1997) *How the Mind Works*, Noton, New York.

Potter, M. (1975) "Meaning in Visual Speech," *Science* 187, 965–966.

Recanati, François (2004) *Literal Meaning*, Cambridge University Press, Cambridge. [今井邦彦(訳) (2006)『ことばの意味とはなにか——字義主義からコンテクスト主義へ』新曜社, 東京.]

Searle, J. R. (1969) *Speech Acts: An Essay in the Philosophy of Language*, Cambridge University Press, Cambridge.

Searle, J. R. and D. Vanderveken (1985) *Foundations of Illocutionary Logic*, Cambridge University Press, Cambridge.

白井賢一郎 (1985)『形式意味論入門：言語・論理・認知の世界』産業図書, 東京.

Simons, Daniel J. and Christopher F. Chabris (1999) "Gorillas in Our Midst: Sustained Inattentional Blindness for Dynamic Events," *Perception* 28, 1059–1074.

Smith, Neil (2002) *Language, Bananas and Bonobos: Linguistic Problems, Puzzles and Polemics*, Blackwell, Oxford. [今井邦彦(訳) (2003)『ことばから心をみる——言語学をめぐる二〇話』岩波書店, 東京.]

Smith, Neil and Ianthi Tsimpli (1995) *The Mind of a Savant: Language Learning and Modularity*, Blackwell, Oxford. [毛塚恵美子ほか(訳) (1999)『ある言語天才の頭脳——言語学習と心のモジュール性』新曜社, 東京.]

Sperber, Dan (1994) "The Modularity of Thought and the Epidemiology of Representation," *Mapping the Mind: Domain-Specificity on Cognition and Culture*, ed. by L. A. Hirschfeld and S. A. Gelman, 36-67, Cambridge University Press, Cambridge.

Sperber, Dan (2001) "In Defense of Massive Modularity," *Language, Brain and Cognitive Development: Essays in Honor of Jacques Mehler*, ed. by E. Dupoux, 47-57, MIT Press, Cambridge, MA.

Sperber, Dan (2005) "Modularity and Relevance: How Can a Massively Modular Mind Be Flexible and Context-Sensitive?" *The Innate Mind: Structure and Content*, ed. by Peter Carruthers, Stephen Laurence and Stephen Stich, Oxford University Press, Oxford.

Sperber, Dan and Deirdre Wilson (1986 $1995^2$) *Relevance: Communication and Cognition*, Blackwell, Oxford.［内田聖二ほか（訳）(1993, $1999^2$)『関連性理論——伝達と認知』研究社出版，東京.］

Sperber, Dan and Deirdre Wilson (2002) "Pragmatics, Modularity and Mind-Reading," *Mind and Language* 17, 3-23.

Sperber, Dan and Deirdre Wilson (2008) "A Deflationary Account of Metaphor," *Handbook of Metaphor and Thought*, ed. by R. Gibbs, Cambridge University Press, New York.

Sperber, Dan, Fabrice Clément, Christophe Heintz, Olivier Mascaro, Hugo Mercier, Gloria Origgi and Deirdre Wilson (2010) "Epistemic Vigilance," *Mind and Language* 25:4, 359-393.

Stemmer, Brigitte (1999) "An On-Line Interview with Noam Chomsky: On the Nature of Pragmatics and Related Issues," *Brain and Language* 68:3, 398-401.

田子内健介 (2009)「統語論」『言語学の領域 I』(中島平三(監修)〈言語の可能性〉1)，中島平三(編)，朝倉書店，東京.

玉井健 (2005)『リスニング指導法としてのシャドーイングの効果に関する研究』風間書房，東京.

Tendahl, M. and R. Gibbs (2008) "Complementary Perspectives on Metaphor: Cognitive Linguistics and Relevance Theory," *Journal of Pragmatics* 40, 1823-1864.

Tomasello, Michael (1999) *The Cultural Origins of Human Cognition*, Harvard University Press, Cambridge, MA.［大堀壽夫ほか（訳）

(2006)『心とことばの起源を探る——文化と認知』勁草書房,東京.]
Tomasello, Michael (2003) *Constructing a Language: A Usage-Based Theory of Language Acquisition*, Harvard University Press, Cambridge, MA. [辻幸夫ほか(訳) (2008)『ことばをつくる——言語習得の認知言語学的アプローチ』慶應義塾大学出版会,東京.]
外池滋生 (2009)「ミニマリスト・プログラム」『言語学の領域 I』(中島平三(監修)〈言語の可能性〉1), 中島平三(編), 朝倉書店, 東京.
Vanderveken, D. (1994) *Principles of Speech Act Theory* [*Cahiers d'Épistémologie*, 9402], Université du Québec à Montréal, Montréal. [久保進(訳注) (1995)『発話行為の原理』松柏社,東京.]
Wilson, Deirdre (2011) "Parallels and Differences in the Treatment of Metaphor in Relevance Theory and Cognitive Linguistics," *Intercultural Pragmatics* 8:2, 177-196.
Wilson, Deirdre and Dan Sperber (2004) "Relevance Theory," *Handbook of Pragmatics*, ed. by L. Horn and G. Ward, 607-632, Blackwell, Oxford.
吉村あき子 (2009)「語用論」今井 (2009a), 25-51.

# 索　引

1. 日本語はあいうえお順で，英語（で始まるもの）は ABC 順で最後に一括して並べている。
2. 〜は見出し語を代用する。f. は次のページに続く，n は脚注を表す。
3. 数字はページ数を示す。

## [あ行]

あいまい性（多義性）(ambiguity)　24
あいまい性除去（一義化）(disambiguation)　25
アイロニー　42
亜人格性　65, 164
亜人格的 (sub-personal)　65
　〜語用論過程は進化の結果　164
アドホック概念形成　154
アドホック概念構築 (ad hoc concept construction)　28
暗意 (implicature)　36, 37, 40, 64
　〜された結論　38, 64
　〜された前提　38, 64
一義化・あいまい性除去 (disambiguation)　89
一般的会話の含意 (generalized conversational implicature; GCI)　91, 125
意図明示的刺激　61
意図明示的伝達 (ostensive communication)　60
意味確定度不十分　22
　〜性のテーゼ (semantic underdeterminacy thesis)　20, 22
意味と意義　151
意味基説への反証　146
意味論　2
意味論的意味　4, 5
言われたこと (what is said)　89
ヴァンダーヴェーケン (Daniel Vanderveken)　81
ウィリアムズ症候群 (Williams syndrome)　66, 143
ウィルスン (Deirdre Wilson)　9
受け手にとっての系　117

遠近法（perspective） 161
オースティン（John Austin） 8, 78
大昔の科学観 164

### [か行]

カーストン（Robyn Carston） 23
回帰的定義（recursive definition） 82
解釈の手順 63
解釈の手続き 153
解読 179
概念の転嫁的使用 48
会話の含意（conversational implicature） 84, 90
顔の認識 178
限りない認知的概念 153
架空の第三者 45
学習メカニズム 135
カクテルパーティー症候群（cocktail party syndrome） 144
格率（maxims） 86
　〜違反 92
可能世界（possible worlds） 13f.
ガリストル（C. Randy Gallistel） 135
ガルシア効果 178
含意（implicature） 40, 89, 97
　〜されたこと（what is implicated） 89
　〜する 53n

関係の格率（maxim of relation） 87, 103
緩叙法 28
関連性（relevance） 50
関連性原理Ⅰ（認知的関連性原理：cognitive principle of relevance） 57
関連性原理Ⅱ（伝達的関連性原理：communicative principle of relevance） 62
関連性理論（Relevance Theory） 9
　〜によるモジュール説 173
基礎明意（basic explicature） 46, 64
義務的操作性 69, 73
疑問文 78
規約的含意（conventional implicature） 90
協調の原理 85
際立ち（prominence） 161
グライス（H. Paul Grice） 8, 84
グライス理論 8
クリストファー 69, 73, 142
言語獲得装置（language acquisition device; LAD） 134
言語器官 135
言語機能（language faculty） 134
言語形式 17
言語行為理論（Speech Act Theory） 8, 78
言語追尾法（speech shadowing） 70

言語と認知全般との関連　146
言語の独自性の否定　132
言語能力（linguistic competence）　134, 178
言語の非自律論　137
言語非自律論への反論　142
言語モジュール　136
顕在的（manifest）　59
原理（principles）　102
行為　78
高次明意（higher-level explicature）　41
心の理論（theory of mind）　66
誇張表現　28
語用論　2
語用論過程（pragmatic procedures）　22
　〜モジュール性　73
語用論的意味　4
語用論的分業（division of pragmatic labour）　114
コンテクスト　52
コンテクスト的含意（cotextual implication）　50, 52, 53

## ［さ行］

サール（John Searle）　81
最適の関連性の当然視（presumption of optimal relevance）　60, 100
視覚文字形領域　179
指示詞（indexicals）　25
指示対象付与（reference assignment）　89
事実確認文（constative sentences）　79
自然言語　7
質の格率（maxim of quality）　86
自動的　55, 164
シネクドキー（提喩）（synecdoche）　157
自閉症　66
尺度含意（scalar implicature）　104
自由間接話法　47, 48
集合　53n
修正版オッカムの剃刀（Modified Occam's Razor）　126
自由補強（free enrichment）　30
焦点化（focusing）　161
情報遮蔽性（informational encapsulation）　71, 74, 176
情報的意図（informative intention）　58
叙述　78
思慮行使的推論（reflective inference）　167, 168, 171, 172
思慮行使的でない（not reflective）　55
人格的（personal）　65
進化の産物　176
進化論　172
真偽判定可能な（truth-evaluable）　35n
新グライス派（Neo-Gricean

pragmatics) 8, 102
人工言語 7
迅速性 70, 74
真理条件 (truth value) 12
真理条件的意味論 (truth-conditional semantics) 12, 79
真理値 (truth value) 35n
図 (figure) 162
推意 40
遂行文 (performative sentences) 79
遂行分析 (performative analysis) 17
推論 (inference) 22, 40, 165
〜モジュール 172
スペース構成要素 (space-builders) 149
スペース文法 133
スペルベル (Dan Sperber) 9
生成意味論 (generative semantics) 115, 132
生成文法 (generative grammar) 9, 132
世界創造述語 (world-creating predicates) 149
前景 (foreground) 162
相互並行調節 (mutual parallel adjustments) 63, 127
素数 (prime number) 15
弾丸探索器 (焦点) (trajector) 162

[た行]

地 (ground) 162
中心的体系 (central systems) 68
直観的推論 (intuitive inference) 165, 167, 170, 172
チョムスキー (Noam Chomsky) 8, 134f.
適切性の条件 (felicity conditions) 79
転嫁 46
伝達的意図 (communicative intention) 58, 59f.
特異性言語障害 (specific language impairment) 142
特殊化された会話の含意 (particularized conversation implicature; PCI) 91, 125
特定性 (specificity) 161

[な行]

2種類の推論 165f., 171f.
日常言語学派 (Ordinary Language School) 8
入力情報の疎外 174
認知環境 (cognitive environment) 54
認知言語学 (cognitive grammar) 9, 124
〜の「成果」 153
認知効果 (cognitive effect) 54
認知システムのモジュール性

152
認知文法　133
認知領域　157

## [は行]

把握　161
背景 (background)　162
発見模索法 (heuristic)　120
発展 (development)　24, 34, 40
発話　17
発話行為 (luctionary act)　80
　〜術語　41
発話内行為 (illocutionary act)　80
発話内効果 (illocutionary force)　81
発話によって表出される命題 (the proposition expressed by an utterance)　22, 34
発話媒介行為 (perlocutionary act)　80
話し手にとっての格率　117
話し手の意味 (speaker meaning)　84, 94
非意識的　55, 164
非規約的含意 (non-conventional implicature)　90
非自明的に含意　53
非思慮行使的　164
　〜推論　167
非生得的モジュール　177
100%モジュール (massive modularity) 説　72
表意　40
標識点 (landmark)　162
表出命題　22, 35, 64
　〜と明意　36
フェイス威嚇行為 (Face Threatening Acts; FTAs)　128
フォウダー　67
フォコニエ (Gilles Fauconnier)　9, 132, 137f., 147, 148
不完全な命題　35n
普遍文法 (universal grammar)　134
フレーゲ (Gottlob Frege)　7
プロトタイプ　158
プロトタイプ (prototype) 説　160
プロトタイプ理論　124
分析哲学 (analytic philosophy)　7
文脈依存 (context-sensitive)　176
平叙文　78
　〜以外の真理条件　16
飽和 (saturation)　25
ホーン (Lawrence Horn)　8, 102
ホーン尺度 (Horn-scale)　105
ポライトネス (politeness) 理論　127

## [ま行]

マコーリー (James D. McCawley)

115, 116, 149, 159
窓 163, 180
無標な (unmarked) 114
明意 (explicature) 36, 40
明示性 35
命題 (proposition) 34, 34n
命題態度 43
　～術語 41
命令文 78
メタ表示的モジュール 172
メタファー 20, 154
メトニミー（換喩）(metonymy) 157
メンタル・スペース (mental space) 理論 148
　～の定義不足 152
モジュール (module) 67, 101, 173f.
モデル理論的意味論 83
モンタギュー文法 19, 83

## [や行，ら行，わ行]

有標な (marked) 115
様態の格率 (maxim of manner) 87, 103, 119
ラッセル (Bertrand Russell) 7
ラニカー (Ronald Langacker) 9, 133, 146, 161
理想言語学派 (Ideal Language School) 7
離脱 (opt out) 101
領域特定性 69, 73
領域特定的 (domain-specific) 176
量の格率 (maxim of quantity) 86, 103
レイコフ (George Lakoff) 9, 132, 141, 150
レヴィンスン (Stephen Levinson) 8, 116
レカナティ (Francois Recanati) 26, 34
連続体的差異 156
老人性認知症 66
ロス (John Ross) 17, 79
論証モジュール 172
論理形式 (logical form) 35
和集合 53n

## [英語]

flouting（軽蔑・無視）94
I 原理 (I(nformative) Principle) 117
I 発見模索法 121
M 意図 118, 119
M 原理 (M(anner) Principle) 117, 119, 120
M 発見模索法 122
Q 原理 (Q(uantity) Principle) 102, 117
Q 発見模索法 120
R 原理 (R(elation) Principle) 102, 103

今井　邦彦（いまい　くにひこ）

1934（昭和9）年生まれ。1957年東京大学英吉利(イギリス)文学科卒業。文学博士。東京都立大学教授，学習院大学教授を経て，現在は東京都立大学名誉教授。専門は音声学，統語論，語用論。

著書に，*Essentials of Modern English Grammar*（共著，研究社出版），『英語の使い方』『語用論への招待』（以上，大修館書店），『ファンダメンタル音声学』『あいまいなのは日本語か，英語か？』（以上，ひつじ書房），『言語の科学入門』（共著）『ことばの意味とはなんだろう』（共著）（以上，岩波書店）などがある。訳書には，レカナティ『ことばの意味は何か』（新曜社），アロット『語用論キーターム事典』（監訳）（開拓社）などがある。

---

言語理論としての語用論
――入門から総論まで――

〈開拓社　言語・文化選書 50〉

---

2015年3月23日　第1版第1刷発行

著作者　　今井　邦彦
発行者　　武村哲司
印刷所　　日之出印刷株式会社／日本フィニッシュ株式会社

発行所　　株式会社　開拓社
〒113-0023　東京都文京区向丘1-5-2
電話　（03）5842-8900（代表）
振替　00160-8-39587
http://www.kaitakusha.co.jp

© 2015 Kunihiko Imai　　　　　　ISBN978-4-7589-2550-1　C1380

JCOPY ＜(社)出版者著作権管理機構　委託出版物＞
本書の無断複写は著作権法上での例外を除き禁じられています。複写される場合は，そのつど事前に，(社)出版者著作権管理機構（電話 03-3513-6969, FAX 03-3513-6979, e-mail: info@jcopy.or.jp）の許諾を得てください。